# Dropshipping Mastery

Die komplette Einleitung zum Aufbau eines erfolgreiches Dropshipping E-Commerce mit Extra Tipps und Tricks

Copyright © 2019 Emanuel Vera

Alle Rechte vorbehalten.

ISBN: 9781076596086

## INHALTSVERZEICHNIS

WIE FUNKTIONIERT DROPSHIPPING............1
ANGEBOT UND NACHFRAGE.....................1.1
LANDING PAGE ODER ONLINE SHOP?................. 1.2
LANDING PAGE VS. ONLINE SHOP..............1.3

WIE VIEL KAPITAL IST ERFORDERLICH? .............2
DIE PROFITABELSTEN PRODUKTE........................2.1
ONLINE SHOP FÜR MEHR CONVERSION OPTIMIEREN...2.2

WIE STARTE ICH MIT DROPSHIPPING?......................3
DROPSHIPPING METHODEN..............................4
WHOLESALE METHODE.....................................4.1
ONE PRODUKTE METHODE.................................4.2
FREE PLUS SHIPPING METHODE........................4.3
PRODUKT BUNDLING METHODE..........................4.4

DIE RICHTIGE NISCHEN AUSWAHL.............................5
GUTE UND SCHLECHTE NISCHEN............................5.1
WIE ENTSTEHEN GUTE NISCHEN?........................5.2
WIE ERKENNT MAN SCHLECHTE NISCHEN?..........5.3

HIGH TICKET VS. LOW TICKET..............................6
VORTEIL VON HIGH TICKET PRODUKTE....................6.1
VORTEIL VON LOW TICKET PRODUKTE....................6.2
UNTERSCHIED VON HIGH UND LOW TICKET......6.3

PRODUKT VERMARKTUNG............................7
PROFITABELSTE WERBEPLATTFORMEN.................7.1
WELCHE WERBEPLATTFORMEN EIGENEN SICH?.........7.2
ZIELGRUPPEN DEFINITION.................................7.3

# Einleitung

Dropshipping ist ein sehr lukratives Businessmodell, in dem die Lieferinformationen zu einem Drittanbieter enden und die Bestellung an dem Kunden direkt verschickt wird. Es ist eins der beliebtesten Online Businessmodelle für alle Arten von Unternehmer, nicht nur weil die Umsetzung je nach Ziel recht simpel ist, sondern weil die Produkte, die man Online anbieten möchte, nicht selbst in einem Lagerraum aufbewahren muss. Wenn man Dropshipping erfolgreich betreiben will, hat man viele Dinge zu beachten. Man benötigt Grundkenntnisse in Marketing und Verkauf, diese sollten aber je nach Ausmass an Projekt Größe variieren. Machen sie sich aber keine grosse Sorge, denn hier finden sie alles nötige, um die Umsetzung des Dropshipping Businessmodell zu meistern.

Wenn sie dieses Buch lesen machen sie sich einen Großen gefallen, weil sie nämlich viele Anfänger Fehler schon mal im Voraus vermeiden können. Wir fokussieren uns um Themen wie Nischen Auswahl, Landing Page und Online Shop Optimierung, Vermarktungswege und so weiter. Sie werden lernen wie man die richtige Nische findet, um möglichst langfristig profitable zu bleiben. Heutzutage ist Dropshipping eins der beliebtesten Modelle um Online Geld zu verdienen. Nur ist es so, dass die meisten kein Plan davon haben wie das ganze funktioniert. Man kann nur gute Ergebnisse erzielen, wenn man sich gut dafür vorbereitet in dem man die Theorie in die Praxis umsetzt. Dieses Buch deckt alle wichtigen Teile ab die ihnen dabei helfen werden, eine stabile Einnahmequelle zu schaffen.

Bevor sie noch mit den kommenden Kapiteln starten, möchte ich noch erwähnen das Dropshipping mit den Jahren weiterwächst und immer mehr an Relevanz gewinnt. Es gibt zwar viele Foren und

Medien die das Gegenteil zu beweisen versuchen aber die Realität ist das Dropshipping in den kommenden Jahren zumindest nicht so schnell verschwinden wird. Sie können immer noch viel Geld damit verdienen und sich somit eine relativ stabile Einkommensquelle aufbauen. Sie sollten beachten, dass es keine Garantie dafür gibt, mit Dropshipping selbständig zu werden. Um dieses Ziel zu erreichen benötigen sie viel Fleiss und Geduld, zusammen mit Wissen das sie nur durchs lesen bekommen.

Alle hier erwähnten Themen und Strategien sind durch Jahrelangen Erfahrungen sowie Umsetzung der Techniken, die hier gezeigt werden erstanden und sollen Ihnen einen möglichst guten Überblick dabei geben wie das E-Commerce mit Dropshipping funktioniert. Am Schluss werden sie verstanden haben was Dropshipping ist und wie man mit Dropshipping am besten loslegt. Sie lernen wie man die profitabelsten Nischen findet und mit den besten Lieferanten zusammenarbeitet. Sie werden auch noch erfahren, welche Verkaufs Techniken es dazu gibt, mehr Kunden zu Konvertieren und natürlich auch Grundlegende Kenntnisse in die Vermarktung von Online Produkte bekommen. Ich hoffe sie freuen sich schon auf diese Spannende Reise, die Ihnen bevorsteht und wünsche Ihnen natürlich viel Spass beim Lesen und umsetzen des Erlernten wissen.

# Kapitel 1
## Wie funktioniert Dropshipping?

Damit sie mit Dropshipping anfangen können Geld zu verdienen, sollten sie zuerst wissen wie Dropshipping funktioniert. Als erstes müssen sie wissen was sie online verkaufen werden, um sich ein paar Grundideen zu verschaffen, können sie sich auf Seiten wie Amazon oder AliExpress umschauen, da finden sie zahlreiche Produkte die gut ankommen und oft verkauft werden. Gehen sie auf unter Kategorien und versuchen sie nicht zu grosse Nische aufzusuchen, da sie sonst mit viele Konkurrenten zu kämpfen haben. Soll nicht bedeuten das grosse Nischen schlecht sind, mit einer guten Strategie und eine Menge Erfahrung ist der Einstieg in solche Nischen machbar. Wir fokussieren uns aber erst auf spezifische Nischen, die eine durchschnittliche Nachfrage und geringer Anteil an Angebote aufweist.

Das Importieren von Produkten geschieht meistens, durch ein Automatisiertes Import System wie die von Oberlo, DMS Tool oder Auto DS. Was genau macht so ein Import Tool den eigentlich? Der Name verrät es schon, es importiert Produkte von sogenannten «Supplier» auf Ihrem Inventar, damit sie diese dann später Publizieren können. Sie wählen die Produkte Ihrer bereits ausgewählten Nische aus und lassen das Tool für sie den Rest erledigen. Falls sie an dem Titel oder Beschreibung noch etwas ändern möchten, können sie dies auch gerne tun was sehr wohl zu empfehlen ist. Vergessen sie nicht die Bilder gerecht Ihrem Online Shop richtig zu Optimieren.

Es gibt verschiedene Import Automation Tools, die eine monatliche Zahlung anfordern, und wiederum andere die gratis zur Verfügung sind. Als Anfänger sollte man erst mit einem kostenlosen Import Tool Anfangen, um die Struktur dahinter erst mal zu verstehen. Wenn sie ein bisschen mehr erfahren sind, und sich schon mal mit dem System vertraut gemacht haben, können sie selbst entscheiden ob sie zu einem anderen Import Tool wechseln möchten der dementsprechend auch monatlich kostet, und Ihnen vielleicht bessere Features zur Verfügung stellt. Legen sie Ihren Fokus nicht zu sehr darauf, da es für den Anfang keine grosse Rolle spielt.

Das sind die drei Basics Schritte die, die meisten Dropshipper befolgen müssen, um ein Dropshipping Geschäft im Lauf zu kriegen. Das **Importieren** von Produkten ist eine Routine die manche Dropshipper fleissig erledigen, um eine breite Auswahl an Produkten anzubieten. Sie können mit Dropshipping einzelne, sowie auch viele Variante an Produkte anbieten. Das **Vermarkten** auf Sozialen Medien ist nicht mehr aus dem Online Handel wegzudenken, ohne sie würden die meisten wahrscheinlich nichts verdienen, deswegen vermarkten sie Ihre Produkte so, dass die Kunden einen guten Kontakt zu Ihnen aufbauen. Vergessen sie nicht immer Retargeting zu benutzen, im Verlauf dieses Buches kommen wir näher darauf ein. Als letztes haben wir noch das **Bestellen** von Ordern, auch ein wichtiger Teil der schnell erledigt werden muss, damit die Kunden eine E-Mail mit der Lieferungsnummer bekommen. Sie reichen die Liefer Informationen an dem Anbieter und bestellen somit die Ware, damit der Kunde sie später erhält. Eine Nachricht an dem Anbieter mit dem Hinweis das es ein Dropship Produkt ist muss enthalten sein, falls sie mit AliExpress arbeiten. Somit kommt das Paket ohne beleg damit der Kunde nicht merkt, dass es sich um einen Dropshipping Produkt handelt.

Was sind supplier? - Supplier sind Produkt Anbieter, die auf alle Arten von E-Commerce Plattformen zu finden sind, die meisten finden sie auf AliExpress. Es gibt seriöse Anbieter auf verschiedene Retail Plattformen wie das bereits erwähnte «AliExpress» auch andere Konkurrenten wie Amazon oder Wish beinhalten solche. Die meist benutzte Plattform ist wie sie schon vermuten können «AliExpress». Bevor sie sich für ein Produkt Anbieter entscheiden, achten sie auf die langjährige Erfahrung und prüfen alle Bewertungen durch. Zwischen durch hat AliExpress auch eine Funktion eingestellt die «Dropshipping Center» heisst. Dort finden sie alle Top Dropshipping Produkte, die es zurzeit gibt. Top supplier sind dazu noch aufgelistet, was Ihnen die Arbeit deutlich erleichtert, einen seriösen Produkt Anbieter zu finden.

Die Preise, die auf AliExpress zu finden sind, kann man schwer unterbieten, genau deswegen scheinen sich viele Dropshipper für den chinesischen Markt so sehr zu Interessieren. Man, kann grosse Profite davontragen, in dem man die übertragenen Produkte, einfach auf dem eigenen Online Shop teurer anbietet. So leicht lässt es sich mit dem Business Modell Geld verdienen, wenn man die Praxis erst mal gut verstanden hat. Die Nische, die sie auswählen spielt eine riesige Rolle über den Erfolg oder Misserfolg Ihrer Dropshipping Karriere. Sie sollten aufpassen sich nicht auf zu kompetenten Gebieten zu stürzen, denn diese sind meistens von Marktführern überfüllt und somit schwer für sie herauszustechen.

## 1.1 Angebot und Nachfrage

Das Angebot und die Nachfrage sollten nicht auf dem gleichen Niveau sein, das schon mal als kleiner Tipp. Die Nachfrage sollte das Angebot immer übertreffen, wenn sie so eine Nische finden, können sie sicher sein, dass auf sie grosse Profite zukommen werden, wenn sie damit die richtige Zielgruppe ansprechen. Verstehen sie mich nicht falsch, sie können auch mit hart umkämpften Nischen gutes Geld verdienen, nur müssen sie besser vermarkten als die anderen es schon tun. Wenn es Online sehr viele Angebote gibt, heisst es nur, dass die Nachfrage genauso stark ist wie das Angebot. Sie können Werbeanzeigen von Konkurrenten überprüfen, um zu sehen wie gut das Produkt bei der Zielgruppe ankommt.

Wenn es viele gute Kommentare und Likes auf dem Post zu sehen

sind, hat der Ersteller dieser Anzeige womöglich alles richtig gemacht. Sie können die Anzeige anschiessend zu sich anpassen und Modellieren, achten sie bitte darauf sie nicht komplett zu kopieren.
So etwas ist unethisch und sollte auf jeden Fall vermieden werden.
Was sie auch noch beachten sollten ist, dass die Nachfrage auf gar keinen Fall einen Temporären Trend aufweist. Der Trend sollte über die Jahre möglichst stabil bleiben, um nicht auf kurzfristige Gewinne zu bleiben. Wenn sie mit Dropshipping einen Kontinuierlichen stabilen Cashflow aufbauen möchten, sollten sie immer darauf achten, wie stark die Kurve der Nachfrage einen Aufwärtstrend hinterlegt. Solche Trends finden sie kostenlos auf Seiten wie Google Trends, dort geben sie Ihre bereits bekannten Nische/n ein und erfahren, wie viele Nachfragen es für das Produkt bereits besteht.
Sie sollten sich immer gut Informieren und Vorbereiten bevor sie ein Produkt zur Verfügung stellen, und schon anfangen dies zu Vermarkten. Die Zielgruppengrösse sollte Ihnen schon mal bekannt sein, sowie auch das Alter der ausgewählten Gruppe. Ganz wichtig zu wissen ist auch, wo die Zielgruppe aktiv ist und auf welchem Ort sich die meisten befinden.

**1.2 Landing Page oder Online Shop?**
Wenn sie mit Dropshipping erst mal anfangen wollen, stellen sie sich sicher die Frage welche Plattformen und Tools sie benutzen sollten, um einen guten Start zu hinterlegen. Sie fragen sich bestimmt auch wie viele Produkte sie Ihrem Kunden anbieten wollen oder was es kostet einen Online Shop zu führen. Das sind alles fragen die hier für sie geklärt werden. Haben Sie vor einen grossen Online Shop aufzubauen, mit zahlreichen Produkten? Oder wollen sie sich auf einem einzigen Produkt konzentrieren, um damit die ersten Profite zu erzielen? Der Trick hinter Dropshipping ist es nicht so viele Produkte wie möglich anzubieten, sondern die richtigen Produkte für die richtige Zielgruppe zu finden. Wenn sie eine bestimmte Nachfrage abdecken oder ein Problem für andere gut lösen können,

haben sie automatisch eine Goldgrube geschaffen. Deswegen ist es wichtig, sich lange Zeit zu lassen, um die richtige Nische erstmals zu finden und sie gleichzeitig auch zu verstehen, denn nur das was sie gut verstehen können, können sie auch gut vermarkten.

Sie haben die Möglichkeit zu entscheiden, was Ihnen lieber ist, falls sie beides testen wollen können sie dies gerne tun. Am Schluss kommt es nur darauf an mit welchen von beiden Optionen, sie am besten klarkommen und gute Ergebnisse erzielen. Die meisten benutzen einen Online Shop, was aber nicht bedeutet, dass es die bessere Wahl für sie wäre. Eine Landing Page hat auch seine Vorteile und führt meistens zu mehr Conversions, was auch daran liegt, dass es praktisch keine Ablenkung Möglichkeit bietet, die dem Kunden irgendwie daran hindern könnte bei Ihnen einzukaufen.

**Landing Page:** Eine Landing Page ist eine Webseite, die nur ein einziges Produkt oder Dienstleistung dem Websitebesucher anbietet. So eine Landing Page ist auch gut, um Leads zu generieren, da es klar und deutlich anzeigt welche Informationen eingetragen werden müssen, um beispielsweise einen Kostenlosen E-Book zu erhalten. Sie können die besten A/B Tests durchführen, da die Gestaltung von Landing Pages eine viel leichtere Umsetzung haben, somit sind wichtige Änderungen leicht geschaffen.

Sie merken bereits worauf das hinaus läuft, eine Landing Page ist optimal, um einzelne Produkte anzubieten. Meistens benutzt man oft noch sogenannten Cross-Sales, um die Profite zu maximieren. Cross-Sale heisst die Methode, in dem man ähnliche Produkte dem Kunden während des Kaufs noch dazu empfiehl. Da kann man Zusatz Produkte oder Extras mit Rabatte dazu empfehlen, um dem Käufer zu motivieren mehr als geplant einzukaufen. Upsell ist dagegen das Anbieten eines gleichen Produkts, das an Qualität oder Leistung dem ersten übersteigt. Sie haben bereits erfahren was Cross-Sale und Upsell bedeutet und kennen die Verwendung von Landing Pages und wozu sie gut zu gebrauchen sind. Benutzen sie Landing Pages, wenn sie denken, dass sie damit Ihre Conversion Rate etwas Gutes tun. Bevor sie starten, lernen sie wie man Landing Pages richtig gestaltet, um die Aufmerksamkeit der Besucher zu behalten. So eine Landing Page zu erstellen ist recht simpel und bringt viele Vorteile mit sich. Vergessen sie nicht, dass Landing Pages eher für den Verkauf von Einzel Produkte geeignet ist. Wenn sie also weitere Produkte anbieten möchten, benutzen sie einen Cross-Sale oder wenn's das gleiche Produkt in besserer Form ist ein Upsell.

**Online Shop:** Ein Online Shop hat normaler weisse mehrere Optionen und dient dazu etwas grosses aufzubauen. Sie sind dazu in der Lage mit diversen Arten von Themes zu arbeiten, die sie auf verschiedenen Webseiten erwerben können, um die Qualität Ihrer Seite zu erweitern. Auch können sie Tools verwenden, die Ihnen erlauben mit den Besuchern per Chat zu kommunizieren. Sogenannte ChatBots und andere Extras wie Affiliate Programme werden oft auf verschiedenen Online Shops von Gebrauch gemacht. Sie können mit einem Online Shop Kategorien erstellen und Blogs aufbauen, um den Inhalt Ihrer Webseite zu füllen. Sie haben auch noch den Vorteil, dass sie eine Online Präsenz gleichzeitig aufbauen, was dazu führt, dass sie treue Kunden generieren. Weitere Faktoren, die für einen Online Shop sprechen sind, beispielsweise Vorteile im SEO und die Nutzung von Mitgliedebereiche. Sie sehen jetzt welche Vorteile, einen Online Shop mit sich bringt und was sie daraus machen können. Ich empfehle Ihnen sich kurz Gedanken zu machen, mit welchen der beiden Varianten sie anfangen wollen. Ob Online Shop oder Landing Page, spielt keine Rolle, sie können natürlich auch beides betreiben, was aber auch ein Stück Arbeit mit sich bringt.

**1.3 Landing Page vs. Online Shop**
Beide Optionen scheinen sich ganz gut für den Online Handel mit Dropshipping zu eignen. Als purer Anfänger würde ich Ihnen empfehlen mit einem Online Shop zu starten. Da lernen sie alles was

sie dazu benötigen, um mit Dropshipping anzufangen. Sie haben auch die Möglichkeit verschiedene Tools auszuprobieren, um Vorteile im Verkauf zu erlangen und bekommen eine Basis, was dem generellen Handel mit E-Commerce angeht. Wenn sie dennoch Lust bekommen eine Landing Page aufzubauen um bessere A/B Tests zu erstellen, können sie dazu verschiedene Apps herunterladen, die Ihnen dabei helfen leicht per Drag and Drop Landing Pages aufzubauen.

Wenn sie vorgeschrittener sind und schon eine oder mehrere Online Shops erstellt haben, können sie ruhig anfangen Landing Pages zu gestalten, um Ihre Dropshipping Produkte zu Vermarkten. Unten finden sie die Vorteile von Landing Pages und Online Shops, die Ihnen dabei helfen, zu verstehen worin die Stärken der beiden Optionen liegen. Sie sollten dennoch wissen, dass es keine grosse Rolle spielt, für welche der beiden sie sich letztendlich entscheiden. Wenn Ihre Marketing Fähigkeiten stimmen, haben sie mit beiden grosse Vorteile, die sie garantiert nützen können.

<u>Landing Page Vorteile</u>
- ✓ Bessere Conversions
- ✓ Leicht zu Gestalten
- ✓ Bessere A/B Tests
- ✓ Cross-Sale & Upsale
- ✓

<u>Online Shop Vorteile</u>
- ✓ Breitere Produkt Auswahl
- ✓ Mitgliederbereich & Mehr
- ✓ Bessere Marketing Tools
- ✓ Cross-Sale & Upsale

# Kapitel 1
## Wie funktioniert Dropshipping?
## (Zusammenfassung)

**Nischen Auswahl:** Suchen sie auf Seiten wie AliExpress, Amazon und Wish nach gut platzierten Produkten, die ein grosses Verkaufs Potenzial aufweisen. Wählen sie eine Nische aus, die nicht zu gross ist. Für grössere Nischen sind eine gute Strategie, sowie eine Menge Erfahrung notwendig. Vermeiden sie hart umkämpfte Nischen, die mehr Angebot als Nachfrage vorweisen. Auf unter Kategorien machen sie sich schnell fündig, analysieren sie das Produkt genau, bevor sie sich dafür entscheiden. Nutzen sie dafür mehrere Tools wie die von AliExpress, der «Product Analysis» heisst und sich auf den «Dropshipping Center» befindet.

**Produkt Verwaltung:** Um Ihre Produkte effizienter zu verwalten, benötigen sie ein Import System. Solche Import Tools finden sie ganz leicht Online, die bekanntesten sind Oberlo, DMS Tool und Auto DS. Der Zweck von Import Systeme, sind es automatisiert Produkte von sogenannten supplier zu Importieren. Es erleichtert Ihnen die Arbeit Produkte zu importieren, sowie eingegangene Bestellungen abzuschliessen. Sie finden solche Supplier auf Amazon, AliExpress und Wish. Optimieren sie Bilder, Beschreibung und Titel bevor sie die Produkte publizieren.

**Die Drei Basic Schritte:**
1. Importieren – wichtig, nur für Shops mit einer dementsprechend grösseren Auswahl.
2. Vermarkten – Vermarktung auf Sozialen Medien, wie Facebook und Instagram.
3. Bestellen – Jede Bestellung musst vollendet werden, indem sie die Informationen an dem dazu verantwortlichen supplier weiter reichen.

### Produkt Anbieter (Supplier)

Um ein stabiles Dropshipping Geschäft am Laufen zu halten, benötigen sie seriöse Produkt Anbieter, die alle Ihre Fragen beantworten und eine schnelle Lieferung Garantieren. Auf AliExpress finden sie gute supplier mit fairem Produkt preisen, die Ihnen ermöglichen grosse Profite zu erwirtschaften. Nutzen sie die neue Funktion von AliExpress, der sogenannte «Dropshipping Center» sie haben darin die Möglichkeit Top Anbieter zu finden.

### Angebot und Nachfrage

Angebot und Nachfrage sollten immer unterschiedlich sein, wenn sie sich eine profitable Nische aussuchen. Sollten sie eine Nische finden, die mehr Nachfrage als Angebot belangt, werden sie auf langer Sicht erfolgreich bleiben, wenn Ihr Geschäft nach einem gewissen plan ausführt wird. Vergessen sie nicht Ihre Zielgruppe ausführlich zu definieren, um sie im Nachhinein besser ansprechen zu können. Sie können Anzeigen von Konkurrenten Analysieren, um das Interesse der Zielgruppe zu überprüfen. Interaktion sowie Kaufbereitschaft sollten leicht erkennbar sein.

### Landing Page oder Online Shop

Stellen sie fest, welche Plattformen und Tools sie nutzen wollen. Sie sollten wissen, wie viele Produkte sie anbieten möchten. Haben sie vor einen grossen Online Shop aufzubauen? Oder entscheiden sie sich doch für einen One Product Sales Page? Vergessen sie nicht, beim Dropshipping geht es nicht darum möglichst viele Produkte zu publizieren, sondern die richtigen Produkte, für die richtige Zielgruppe zu finden.

Sie sollten sich immer auf die Zielgruppe konzentrieren, um allen Bedürfnissen Ihrer Kunden zu verstehen. Wenn sie mehr conversions generieren möchten und ein einzelnes Produkt veröffentlichen, ist eine Landing Page die richtige Wahl. Falls sie jedoch mehrere Produkte aus einer Nische, vermarkten wollen und daran denken sich einen Namen zu machen ist ein Online Shop was für sie. Es besteht immer noch die Möglichkeit beides zu führen, was meistens eine gute Entscheidung für Ihnen sein können.

**Landing Page Vorteile:** Landing Pages kann man gut dazu nutzen, um Leads zu generieren oder einzelne Produkte anzubieten. Da die Ablenkungsrate stark sinkt, sind die Conversions dementsprechend auch höher. Informationen werden klar und deutlich angezeigt, eine Aktion seitens des Besuchers werden leichter ermöglicht.
Sie haben die Möglichkeit Ihre Landing Page, so oft zu gestalten wie sie möchten, da die entsprechende Funktion dazu leichter für sie fällt. Viel bessere Ergebnisse können bei durchgeführten A/B Tests erzielt werden, Grund dafür sind leicht umsetzbare Veränderungen auf beiden Landing Seiten.

**Online Shop Vorteile:** Ein Online Shop besitzt mehrere Funktionen und ist für eine grössere Auswahl an Produkten geeignet. Sie können leicht eine Online Präsenz aufbauen, was Ihre Organische Reichweite deutlich steigern lässt. Es steht Ihnen die Möglichkeit frei, Blogs, Mitgliederbereiche sowie Affiliate Programme einzubauen. Sie können langfristige Einnahmen generieren, durch die Etablierung eines Online Shops.
Sie haben die Möglichkeit Kategorien sowie unter Kategorien zu erstellen, besitzen einen höheren Trust Score, da sie als Marke wahrgenommen werden. Besitzen mehrere Marketing Tools, die Ihnen auf dem Weg helfen können und erhalten eine bessere Position in der Suchergebnissen, dank den Google Algorithmus. Generell ist ein Online Shop für alle Arten von Businessmodellen gut geeignet, deshalb liegt die erfolgsrate bei Online Shops viel höher als andere mögliche Optionen.

# Kapitel 2
## Wie viel Kapital ist erforderlich?

Wie viel Budget sie für Dropshipping benötigen kommt immer darauf an, was für Produkte sie anbieten möchten und welche Vermarktungskanäle für sie in Frage kommen. Es ist auch wichtig zu wissen was für Ziele sie anstreben und wie schnell sie diese erreichen möchten. Vielleicht möchten sie in weniger als 6 Monate unabhängig werden und alleine von Dropshipping Leben. Andererseits gibt es nur Leute, die nebenbei was dazu verdienen möchten, um öfters verreisen zu können. Alle zusammen haben aber genau ein Ziel vor Auge, und der ist mehr Geld zu verdienen. Sie wollen Geld verdienen, um damit gut leben zu können, ob sie unabhängig werden wollen hängt allein von Ihnen ab, wie fokussiert sie an die Sache herangehen und wie viel sie an Wissen mitbringen.

Sie sollten immer dazu bereit sein sich Wissen ein zueignen, man lernt nie aus und je mehr sie Wissen, umso besser werden die Erfolge auf Ihrem weg werden. Am Anfang brauchen sie ein Startkapital, wie in jedem anderen Business auch. Hier werden wir kurz die Kosten aufzählen, die auf sie zukommen werden, falls sie ein profitables Business aufbauen möchten.

### Kosten zusammengefasst
- Domain Name – 14$ pro Monat
- Software (Shopify) – 29.99$ pro Monat
- Online Shop Theme – ca. 69.99$
- Applikationen (Extras) – ca. 49.99$ pro Monat

Wie sie bereits wissen brauchen sie ein Produkt den sie Online vermarkten können. Wir gehen mal davon aus sie verkaufen ein Produkt der mehr oder weniger 2 Dollar kostet. Sie bieten es wiederum für 14 Dollar auf Ihrem Shop an. Wenn sie eine Conversion

Rate von 5% haben und täglich um die 200 Besucher Generieren, mal Vermarktungs kosten ausgelassen, brauchen sie ein Budget von umgerechnet 50 Dollar, um die Orders auszuführen. Sie können aber auch direkt mit den Einnahmen die Produkte beim Anbieter bestellen. Die meisten kosten, liegen meistens bei der Vermarktung, deshalb ist ein Budget von 500$ bis 2000$ empfehlenswert.

Wie viel sie für die Vermarktung ausgeben wollen, entscheiden sie selbst. In dem kommenden Kapitel zeig ich Ihnen wie sie auf Social-Media-Kanälen am besten Vermarkten. Sie lernen Strategien, die Ihnen dabei helfen werden, gute Daten zu sammeln, um somit die richtige Zielgruppe anzusprechen. Sie Erfahren auch wie richtiges skalieren geht und bekommen einen Einblick wie sie Facebook Ads am besten Analysieren.

Wenn die Kunden bei Ihnen anfangen zu bestellen, übergeben sie die Lieferinformationen dem Anbieter und lassen das Produkt dem Kunden zu kommen, so leicht aber auch mit einer kehr Seite, falls sie hunderte Bestellungen am Tag ausführen müssen. Sie haben das Glück, dass sie das System automatisieren können, um weniger Arbeit beim Ausführen der Bestellungen zu erhalten. Sie können aber auch jemanden Outsourcen, der die Bestellungen für sie ausführt. Spart eine Menge Zeit und ermöglicht es Ihnen andere Tätigkeiten auszuführen.

## 2.1 Die profitabelsten Produkte?

Sie stellen sich bestimmt die Frage, welche Produkte am meisten Umsatz generieren. Dafür gibt es viele verschiedene Antworten, die Ihnen eine ganz klare Übersicht geben können, wie das Verkaufen von Produkten richtig funktioniert. Eines sollten sie schon mal vorab wissen, wenn es keine Nachfrage gibt, besteht auch kein Interesse. Das Interesse an einem Produkt oder Thema ist immer dafür verantwortlich für die gesamte Nachfrage, die anschiessend den gesamten Markt beeinflusst. Deswegen ist es wichtig zu wissen wie man die Richtigen Nischen findet, und sich über das Produkt gut informiert. Sie können sich auch zwischen zwei gute Methoden entscheiden, um auf einer Nische erfolgreich zu werden.

### Methode 1: Nachfrage schöpfen

Das Interesse an einem Produkt, können sie von sich selbst aus an die Masse streuen, in dem sie beispielsweise Videos oder Artikeln zu dem Thema veröffentlichen. Der Content, denn sie bereitstellen, sollte möglichst viel an Interaktionen gewinnen, um daraus eine breite Nachfrage für das betreffende Produkt zu beschaffen. Wenn sie die Anregung der Leute wecken, haben sie eine Gruppe von sogenannten Fans errichtet, die sich dafür interessieren mehr über das Produkt zu Informieren. Da können sie natürlich weitere Informationen anbieten, wie zum Beispiel E-Books oder Whitepapers, dies ist eins der verbreitesten Methoden, um beispielsweise Leads zu generieren. Solche Info Angebote führen dazu, dass die meisten zu Käufern konvertieren, was sich natürlich auch sehr positiv auf den Conversion Rate auswirkt. Deswegen sollten sie immer im Auge behalten, dass Content einer der wichtigsten Bestandteile ist, um Kunden erfolgreich zu konvertieren.

### Methode 2: Nischen Recherche

Falls sie kein neuer Trend setzen möchten, gibt es eine nicht zu anspruchsvollere Methode, mit dem sie es auf jedem Fall zu einem Profitablen Geschäft bringen können. Bei der Nischen Recherche gibt es viele Dinge zu beachten, sie sollten bereits wissen auf welchem Markt sie sich bewegen möchten. Wenn sie Probleme haben, denn richtigen Markt zu finden, können Ihnen gross Konzerne wie Amazon eine grosse Hilfe sein.

Sie suchen auf solche Plattformen nach Bestseller Produkten und gehen im Nachhinein auf die Unterkategorien, um viel Kompetenz zu vermeiden. Sie suchen sich ein Produkt aus, welches Ihnen am meisten gefällt und informieren sich über die Nachfrage dessen.

Schauen sie sich nach Unikaten, die es sonst nicht auf der Strasse zu finden sind, sie werden schnell merken wie lukrativ die Methode für Ihr Business sein kann. Kurzes Fazit: Es gibt unzählige Produkte, die sich Online gut verkaufen lassen, jedoch müssen sie diese erstmal finden, um mit der Vermarktung Prozess zu beginnen. Wo sie diese veröffentlichen entscheiden sie jedoch selbst. Vergessen sie nicht das mit einer gut aufgebauten Webseite sie mehr Erfolg haben werden. Das Produkt ist das eine, aber die Seite im dem sie dies publizieren sollte, möglichst gut optimiert werden. Wie sie ein Online Shop optimal gestalten, lernen sie in den kommenden Kapiteln.

## 2.2 Online Shop für mehr Conversion Optimieren

Die Gestaltung einer Webseite ist für viele Unternehmer noch nicht so richtig klar geworden, weswegen sich die meisten wundern wieso sie keine Käufe generieren. Das richtige Produkt anzubieten reicht alleine nicht aus, wenn die Webseite nicht für Conversions optimiert ist. Sie müssen sich das Vertrauen der Kunden gewinnen, so etwas geschieht nur mit einem gut aufgebauten Online Shop. Legen sie die Priorität auf die Qualität Ihrer Seite, sie sollten Ihren Shop ständig aktualisieren und neue Inhalte hochladen, um neue Besucher anzulocken und natürlich auch zu behalten. Suchen sie nach Verbesserungsmöglichkeiten und etablieren sie eine Marke die passend zu den Produkten ist, die sie momentan Anbieten. Falls das Gestalten eines Online Shops für sie, eine zu grosse Herausforderung darstellt, geben sie die Arbeit an jemand anders ab und konzentrieren sie sich auf andere Bereiche, in denen sie besser dran sind. Es gibt insgesamt 10 wichtige Dinge, die sie beachten sollten, wenn sie einen Online Shop aufbauen. Die folgenden Elemente, die in kürze aufgezählt werden, helfen Ihnen dabei einen möglichst professionellen Auftritt zu hinterlegen, um bei den Kunden Vertrauen aufzubauen. Das Vertrauen der Kunden zu behalten ist einer der Gründe warum die meisten Unternehmer so schnell scheitern, deswegen bewahren sie die Qualität und bieten sie einen möglichst guten Service an. Falls sie die kommenden 10 Elemente eines guten Online Shops bereits abgehackt haben, sind sie gut vorbereitet ein profitablen Online Shop zu führen.

1. Kategorisierung
2. FAQ
3. Produkt Beschreibung
4. Blog
5. Newsletter
6. Pixel
7. Upsale & Cross Sale
8. Scarcity
9. Sales
10. Themes

Das sind die 10 wichtigsten Elemente, die sie dazu benötigen um einen vertrauensvollen, sowie auch effizienten Online Shop zu erstellen. Sie werden merken wie wichtig, diese für die weiter Entwicklung Ihres Business sein werden. Des Weiteren bekommen sie die Möglichkeit jederzeit mit Ihren Kunden zu Interagieren und schaffen so eine fan Gemeinde, die auf langer Sicht die Profite Ihres Online Shops steigert.

**Kategorisierung:** Es ist enorm wichtig Ihre Produkte zu kategorisieren, falls sie mehr als ein Produkt auf Ihrem Shop veröffentlichen. So eine Kategorisierung sorgt für Ordnung und gibt dem Besucher das gefühlt auf einer seriösen Seite zu sein. Sie können auch Unterkategorien setzen, um den Kunden die Suche nach Produkten zu erleichtern. Achten sie darauf die Balance zu halten, um nicht unübersichtliche Kategorien zu erstellen. Denken sie daran, dass Ordnung Ihre Seite hochqualitativer aussehen lässt.

**FAQ:** Einen FAQ (frequently asked questions) zu besitzen ist eine herausragende Lösung, um Zeit zu sparen. FAQs benutzen heutzutage oft sehr viele Unternehmer, um auf die Fragen der

Kunden, eine Antwort bereit zu haben. Auf solchen FAQs findet man oft, wie lange eine Lieferung dauern kann, sowie auch Antworten in Bezug auf Rückgaberecht. Mit dieser Methode sparen sie sehr viel Zeit und können, statt E-Mails zu beantworten, ruhig andere Aufgaben im Shop erledigen. Gestalten sie Ihren FAQ so detailliert wie möglich, achten sie darauf nur die relevantesten Fragen im Bezug zu nehmen. Halten sie es so kompakt wie möglich und liefern sie nur die nötigen Informationen, weniger ist mehr.

**Produkt Beschreibung:** Die Produkt Beschreibung ist eins der wichtigsten Punkte, bei dem es fest steht wie erfolgreich sie Besucher zu einem Käufer Konvertieren. Da geht es wie bei allem was Online gut verkauft wird, je mehr Storys eingebunden werden, desto stärker wird das Verlangen nach einem Produkt. Schon mit dieser Technik werden sie erfahren, wie wichtig es ist eine gute Story über ein Produkt zu erstellen. Erzählen sie welche Probleme das Produkt löst, und welche Vorteile man davon trägt es zu benutzen. Versuchen sie Ähnlichkeiten heraus zu finden, um den Kunden möglichst persönlich anzusprechen.

**Blog:** Nicht viele Online Shop Betreiber setzen auf Blogs, der Grund dafür ist, dass es viel Zeit und Aufwand benötigt um jede Woche mindesten 2-3 Blogs zu erstellen. Man generiert am besten Generische Reichweite in dem man viele Blogs veröffentlicht. Solch ein frequentes freigeben von Content findet Google hervorragend, was Ihnen sehr wahrscheinlich eine bessere Position auf den Suchergebnissen verschafft. Sie haben mehrere Möglichkeiten, um die Hürde an der Erstellung von Blogs zu hintergehen, beispielsweise können sie jemanden einstellen der für sie die Arbeit erledigt. Da sollten sie aber gut aufpassen und sich einen guten Blog Autor aussuchen, der schon viel Erfahrung und Referenzen besitzt. Anderseits haben sie die grosse Möglichkeit Online Freelancer zu engagieren, Blogs für Ihre Webseite zu erstellen.

**Newsletter:** E-Mail-Marketing ist eins der wichtigsten Marketing Strategien, um langfristig erfolgreich zu bleiben. Jede erfolgreiche Firma besitzt eine lange E-Mail Liste die ständig genutzt wird, um Kunden dazu zu bringen weitere Produkte einzukaufen. Sie sollten den Kunden immer die Möglichkeit geben sich auf Ihrem Newsletter einzutragen. Somit kriegen sie mehr Leads und haben eine Verbindung direkt zum Kunden, was sich sehr positiv auf den RCR (Repeat Customer Rate) auswirkt.

Allein deswegen sollten sie E-Mail-Marketing nutzen, um Kunden auf neue Produkte und Angebote aufmerksam zu machen. Desto früher sie anfangen, umso besser werden Ihre Ergebnisse werden. Platzieren sie die Newsletter Eintragung möglichst unten auf Ihrer Webseite, um den Kunden vom Produkt nicht abzulenken. Erst wenn ein Website-Besucher sich dazu entschieden hat die Seite komplett durchzulesen, besteht das Interesse auf weitere Informationen. Die Möglichkeit auf weiteren Content bieten sie natürlich, durch die einfache Eintragung auf den Newsletter an.

**Pixel:** Wenn sie eine Facebook Seite besitzen und vorhaben Facebook Anzeigen zu schalten ist es notwendig, dass sie den FB Pixel auf Ihrer Webseite einbauen. Somit sind sie in der Lage Kunden Aktivitäten zu Sammeln um, im Nachhinein alle gesammelten Daten fürs Marketing zu nützen. Sie haben dadurch die Möglichkeit Retargeting zu nutzen, um Ihre Kunden zurück zu gewinnen. Die meisten Dropshipping Betreiber nutzen Facebook, um Werbeanzeigen zu schalten, da sie gut dafür geeignet ist, um mit wenig Kapital alle möglichen Zielgruppen anzusprechen. Weitere Informationen wie sie Ihr Pixel installieren können, finden sie auf der Facebook Seite.

**Upsale & Cross-Sale:** Wenn sie neu im Bereich E-Commerce sind, wissen sie bestimmt nicht welche Vorteile die beiden Methoden auf die Einnahmen Ihres Online Shops bringen oder was sie überhaupt an sich bewirken. Wenn sie mehr Käufe generieren möchten, sollten sie anfangen Upsale oder Cross Sales einzuführen. Sie sind auch in der Lage beide Strategien zu implementieren, wenn sie es schaffen die richtigen Produkte zu kombinieren. Die Methode bringt nicht nur Vorteile für Ihr Unternehmen mit sich, sondern gibt dem Kunden auch ein Gefühl gut bedient zu sein. Vermeiden sie dabei Pop-Ups, sowie ähnlich aussehende Tools, die dem Kunden daran hindern den Kauf abzuschliessen.

**Scarcity:** Wenn sie sich etwas länger mit dem Thema E-Commerce beschäftigt haben, sollte Ihnen Scarcity ein bereits Begriff sein. Es ist grundsätzlich dazu da, um Besucher schnell auf einen Kauf zu lenken, man eilt sie lediglich mit gewissen Methoden, die Ihnen sicherlich schon bekannt sind. Die meisten davon sind Timern gekoppelt mit einem schnell endenden Angebot. Sie können dies auf Ihrer Landing Page einbauen oder am besten auf der Check Out Seite, um verlassene Warenkörbe auf einem niedrigen Prozentsatz zu halten. Benutzen sie solche Tools mit aller Vorsicht, da sie als Ablenkung gelten können, wenn die Umsetzung falsch gesetzt wird.

**Sales:** Nutzen sie Sales Angebote, um das Interesse am Produkt zu steigern, speziell geeignet sind solche Angebote in verschiedenen Jahreszeiten wie Frühling, Sommer und Winter. Behalten sie die Kontrolle darauf, wie oft sie solche Angebote bereitstellen und machen sie daraus etwas einzigartiges. Gehen sie strategisch vor und nutzen sie falls der bedarf darauf steht, Tools die Ihnen dabei helfen Sales Angebote zu offerieren. Wenn sie eine E-Mail Liste mit eine angesprochen hohen anmass an Leads zur Verfügung haben, können sie mit solchen Angeboten viel profitieren. Versuchen sie einen Ausgleich zu finden, wenn Ihre Angebote als Spam angenommen werden gehen Ihre Einnahmen stark zurück.

**Themes:** Wenn sie anfangen Ihre Seite zu gestalten, werden sie gleich merken, dass ein normales Theme kein guter Eindruck hinterlässt. Die meisten Leute erwarten von einer seriösen Seite einen recht guten Präsenz, so etwas erreichen sie nur mit einen Stilvollen Theme kombiniert mit gutem Content. Entscheiden sie sich für ein passendes Theme, der Ihr Business möglichst gut repräsentiert. Falls sie jedoch kein Interesse daran haben für ein besseren Theme Geld auszugeben, sind sie immer noch in der Lage dies späterem verlauf zu tun. Wenn sie aber der Meinung sind ihr Theme wechseln zu müssen, sollten sie darauf achten kein beliebtes Theme zu erwerben, da sie von vielen dementsprechend schon benutzt werden. Wenn sie genug Kapital haben können sie sich ein eigenes Theme erstellen lassen, kostet mehr, bringt Ihnen aber viel mehr als jeder beliebiger Theme.

# Kapitel 2
# Wie viel Kapital ist erforderlich?
# (Zusammenfassung)

- **Nachfrage schöpfen:** Sie sind in der Lage Nachfrage zu schöpfen mit ein paar ganz einfache Strategien, die sehr nützlich dabei sind, Interessenten in Kunden umzuwandeln. Als erstes sollten sie wissen auf welche Art von Produkt sie eine gewisse Nachfrage aufbauen wollen. Welche Themen sie dazu ansprechen und wie viel sie dazu beitragen möchten, anschliessen sind sie bereit eine Nachfrage aufzubauen. Um mit dem Prozess zu beginnen, brauchen sie entweder ein Video zu dem Thema oder verschiedenen Artikeln, die veröffentlicht werden können. Vergessen sie nicht den veröffentlichten Content zu vermarkten, um Interaktionen hervorzurufen.

- **Nischen Recherche:** Damit sie mit Dropshipping anfangen können, sollten sie eine Nische bereits ausgewählt haben. Bevor sie sich für eine besondere Nische entscheiden, müssen sie das Angebot und Nachfrage Verhältnis überprüfen. Falls die Nische überfüllt ist, sollten sie sich eine andere aussuchen. Je mehr Nachfrage für das Produkt besteht, desto besser für die Umsetzung des Ganzen. Sie können Amazon oder AliExpress dazu nutzen, um eine spezifische Nische zu finden. Versuchen sie Produkte zu finden die man sonst nicht in den Läden findet, somit ist das Angebot des Produkts exklusiv.

## Online Shop für mehr Conversions Optimieren:

Es reicht nicht aus, ein spitzen Produkt anzubieten, ohne eine gut Optimierte Seite zu besitzen. Um jeden Besucher ein herausragendes Erlebnis anzubieten, sollten sie an Ihrem Online Shop arbeiten. Legen sie Wert darauf wie gut Ihre Seite aussieht und wie oft sie aktualisiert wird, um das Vertrauen aller Interessenten zu gewinnen. Wenn sie das Vertrauen erst mal gewonnen haben, sind sie nicht weit davon entfernt Interessenten in Kunden zu konvertieren.

Es gibt viele Strategien, die jeder guter Online Shop dazu benutzt, um neue Besucher ein einzigartiges Erlebnis anzubieten. Falls sie viele Produkte im Angebot haben, sollten sie Ihre Produkte unbedingt in der richtigen Reihenfolge Kategorisieren. Falls Frage auftauchen ist es notwendig eine FAQ Seite zu errichten, damit alle frequent gestellten Fragen beantwortet bleiben. Ausserdem sollte jeder Ihrer Produkte eine gut strukturierte Produkt Beschreibung enthalten, damit alle Einzelheiten dem Kunden klar präsentiert werden. Wenn neu Produkte erscheinen ist es vom Vorteil bereits einen Newsletter erstellt zu besitzen, damit alle Besucher sich freiwillig dazu eintragen können.

# Kapitel 3
## Wie starte ich mit Dropshipping?

Es gibt viele Wege wie sie mit Dropshipping starten können, einige davon sind schwer und andere wiederum leicht. Um Ihnen einen kleinen Einblick zu verschaffen, werden hier ein paar Wege davon offengelegt damit sie eine Grundidee bekommen, wie das Ganze Geschäftsmodell funktioniert. Als erstes sollten sie ein .com Domain Name registrieren, um somit, dass vertrauen Ihres gesamten Online Shops zu stärken. Vergessen sie nicht dabei, den Domain Name so auszuwählen, dass es zu Ihrem Sortiment passt. Der Domain Name sollte möglichst vertrauenswürdig klingen und wie ein seriöser Brand Name erscheinen. Wenn sie diese Aufgaben bereits erledigt haben, können sie anfangen Ihre Sozialen Medien aufzubauen.

Wenn sie sich noch nicht für eine Social Media Plattform entschieden haben, kann für sie Facebook, Instagram oder Twitter gar keine schlechte Wahl sein. Je mehr sie auf solchen Plattformen Präsenz aufweisen, umso besser entwickelt sich das Branding Ihrer Marke. Sie bauen somit mehr Kontakt auf zu Multiplen Kunden auf verschiedene Wege, was das Vertrauen wesentlich steigen lässt. Veröffentlichen sie reguläre Posts und interagieren sie mit so vielen Besucher wir möglich. Aus neugierigem Besucher werden schnell Interessenten die sich später als Kunden entwickeln. Wenn Ihre Sozialen Medien Plattformen leer aussehen und inaktiv bleiben, werden sie nicht als kompetitive Marke aufgenommen, was Ihr Conversion Rate stark schädigt, solche Ereignisse sollten dringend vermieden werden.

Bevor sie starten sollten sie folgendes wissen: Dropshipping ist ein kompetitiver Markt, auf dem man immer aufs Neue bereit sein muss abzuliefern. Sie können nicht erwarten schnelle Resultate zu erzielen, wenn sie keine eigene Initiative zeigen. Den Konkurrenten nach zu spionieren ist ok, aber nehmen sie sich auf keinen Fall vor, die Werbeanzeigen anderer zu kopieren. Sie können andere gut performte Anzeigen, die auf Ihrer Nische zutreffen gerne zu sich anpassen, sowas ist ethisch und funktioniert deutlich besser als wenn sie diese eins zu eins übertragen. Wenn die Zielgruppe, auf der sie und andere vermarkten, dieselbe Anzeige immer wieder aufs Neue angezeigt bekommt, reagiert diese nicht mehr dazu. So etwas wollen wir vermeiden, deswegen gestalten wir unsere Anzeigen immer selbst und Modellieren diese falls Bedarf dazu steht. So viel zum Thema Vermarktung, in den kommenden Kapiteln werden wir uns mit dem Thema mehr auseinandersetzen und lernen erst, wie man eine Zielgruppe richtig definiert. Fürs erste werden sie erfahren, welche Schritte sie eingehen sollten um mit Dropshipping einen guten Start zu hinterziehen. Einige davon sind notwendig und andere wiederum eine gute Option, die Ihnen dabei helfen kann mehr zu erreichen. Hauptsächlich sind sie aber mit all den Informationen, die Ihnen übermittelt werden, gut genug vorbereitet, um ein Dropshipping Geschäft von allein aufzubauen. Beachten sie alle Hinweise, die Ihnen mitgegeben werden, somit sind sie bestens darüber informiert, welche Methoden und Strategien zu empfehlen sind. **Plattform:** Es gibt viele Plattformen, mit denen sie Dropshipping starten können, der meist genutzte und bekannteste davon ist momentan Shopify. Egal ob sie neu oder bereits Erfahrung in diesem Bereich haben, ist Shopify die beste Plattform fürs Dropshipping Modell. Sie haben zahlreiche Apps, die Ihnen dabei helfen können, Ihre Conversion Rate zu steigern, die Anzahl an verfügbaren Apps ist nicht mit anderen Plattformen ansatzweise zu vergleichen. Sie erhalten die hervorragende Chance, einen gut funktionierenden Online Shop zu erstellen, um Dropshipping Produkte zu handeln. Die Möglichkeiten, die sie verfügen, sind unendlich gross mit allen was Shopify zu bieten hat. Durch die grosse Community erhalten sie einen guten Support, sowie gute Ratschläge, um Ihr Business zu skalieren.

**Planung:** Planen sie Ihr Dropshipping Business genau, sie sollten wissen auf welcher Nische sie sich bewegen möchten, die kosten und weitere bezogenen Themen müssen geplant werden. Ohne einen richtigen Plan werden sie keine langfristigen Erfolge haben, einer der Gründe warum die meisten Dropshipper kein Geld verdienen. Wenn sie nicht wissen wie viel sie ausgeben, wie lang sie sich fürs Dropshipping Zeit nehmen, sind sie nicht in der Lage mit Dropshipping kontinuierlich Geld zu verdienen. Sie werden schnell merken wie wichtig es ist, ein genauer Plan zu haben, um immer den nächsten Schritt bereits zu wissen. Wie bei alles im Leben, können sie ohne einen konkreten Plan, kein Erfolg erleben. Deswegen empfehle ich Ihnen sich einen Plan zu erstellen worin die Kosten, Strategien und Produkte aufgeschrieben sind, desto mehr sie auf Ihrem Plan hinzufügen, umso mehr Sicherheit werden sie beim ausführen Ihres Dropshipping Business besitzen.

**Produkt:** Sie brauchen ein Produkt, welches langfristige Profite einbringt, somit sind sie für eine lange Zeit bestens positioniert. Um solche Produkte zu finden müssen sie für eine angemessene Zeit auf verschiedenen Webseiten und Online Plattformen Recherchieren. Die besten Seiten, die Ihnen dabei helfen können, sind Amazon und AliExpress. Werfen sie einen Blick auf unter Kategorien und spezifizieren sie Ihre suche auf Problem lösende Produkte. Die meisten Produkte die langfristig guten Zahlen abliefern, sind meistens die, die ein bestimmtes Problem lösen und dem Kunden ein Gefühl daran geben verstanden zu sein. Wenn sie bereits ein Produkt gefunden haben der ein bestimmtes Problem löst, sind sie auf dem richtigen Weg ein profitables Business aufzubauen. Es gibt aber einige Kleinigkeiten, die sie unbedingt beachten sollten, um ein wirklich skalierbares Geschäft im Stande zu bringen. Die profitabelsten Produkte sind die mit den am meisten wiederholenden Nützungsbedarf.

**Testen:** Viele die mit Dropshipping anfangen, denken, dass sie mit nur einem Produkt und eine gute Marketing Strategie gleich gute Ergebnisse erzielen werden. Bei einem geringen Teil der Dropshipping Community klappt das erste Produkt von Anfang an, und bei dem Rest wiederum nicht. Sie sollten sich keine grossen Sorgen machen, wenn Ihr erstes Produkt gleich am Anfang scheitert. Im Dropshipping Business geht es darum, Produkte richtig zu testen, die Zielgruppe anzusprechen und zu wissen, wie sie auf Anzeigen in Bezug auf das Produkt reagiert. Im Bereich Marketing dieses Buches werden sie lernen, wie Werbeanzeigen richtig geschaltet werden und welche Methoden sich fürs Dropshipping am besten eignen. Sie werden erstaunt sein, an was für hochqualitatives Marketing wissen, sie Zugriff bekommen.

**Bilder:** Wenn sie auf der Suche nach einem Produkt sind, den sie vermarkten wollen ist es wichtig zu wissen ob die Bilder auch entsprechend gute Qualitäten aufweisen. Die Kunden konzentrieren sich mehr auf Bilder, die sie angezeigt bekommen als auf den Text, das ist nun mal Fakt und sollte dementsprechend auch geachtet werden. Entfernen sie jegliche Logos, die dazu dienen abzulenken und stellen sie den Fokus auf das Produkt selbst, ansonsten verlieren sie das Interesse Ihrer Kunden. Für Textilprodukte sollten sie als Bilder immer Personen mit der entsprechenden Kleidung präsentieren, um ein guter Präsenz aufzuweisen. Sie erhalten weitaus mehr vertrauen und beginnen mehr Conversions zu generieren. Wählen sie die besten Bilder aus und stellen sie sicher, dass alle einen weissen Hintergrund tragen. Mit dieser Methode sieht Ihre Seite Modern und was auch noch wichtig ist, seriös aus. Anders als auf Bilder reagieren die Leute besser auf Videos, dieses ist auch ein Interessantes Themengebiet auf denn wir später noch genauer eingehen werden.

**Beschreibung:** Eine gute Beschreibung erhöht ihr Conversion Rate deutlich, wenn sie auf die Interessen und Bedürfnissen des Kunden angepasst ist. Sie stellen sich sicher die Frage wie so eine gut optimierte Beschreibung erstellt wird. Sie können sich zwischen eine auf dem Produkt bezogenen Story entscheiden, oder erzählen wie das Produkt funktioniert und was sie zwischen den anderen unterscheidet. Fassen sie zusammen welche Vorteile das Produkt trägt und wie behilflich sie für den Kunden sein kann. Sie sollten Ihre Beschreibung nicht kompliziert gestalten sonst, verliert der Kunde das nötige Interesse, um das Produkt zu kaufen. Erfassen sie wichtigen Eigenschaften mit Bullet Points und vergessen sie nicht, den Kunden auf einen Kauf hinzuweisen. Das sind psychologische Aspekte, die einem dazu führen eine Aktion zu starten, diese kleine Änderung hilft Ihnen weitaus mehr Conversions zu erzielen.

**Videos:** Die meisten im E-Commerce Business wissen nicht wie wichtig Videos sein können, um die Aufmerksamkeit der Kunden zu steigern. Sie sind nicht nur dazu da, um Aufmerksamkeit zu generieren, sondern auch um leichter Informationen an dem Kunden weiter zu geben. Auf Ihrer Landingpage kann ein Video über das Produkt die Conversion Rate extrem steigern. Wenn sie die Möglichkeit haben ein Video über das Produkt zu erstellen oder ein bereits gefertigten zu benutzen, dann tun sie das ohne Zweifel. Sie werden schnell merken was für ein Potenzial Videos bei der Vermarktung von Produkten haben. Sie sind sehr praktisch, wenn es dazu kommt, Werbeanzeigen zu schalten die Interaktionen hervorrufen.

Sie wissen bereits wie kompetitiv Dropshipping generell ist und verstehen warum man keine Werbeanzeigen der Konkurrenz kopieren sollte. Anderseits wissen sie aber auch, dass sie ohne einen konkreten Plan keine Kontrolle über das Geschehen Ihres Dropshipping Business haben. Planen sie Ihr vorhaben ein und fügen sie alle wichtig besprochenen Einzelheiten in Ihrem Business hinzu.

Durch eine ausgesprochen Gut performte Seite, sind sie in der Lage Ihre Kunden langfristig zu behalten. Testen sie alle möglichen Produkte aus, die einer guten Nische entsprechen. Versuchen sie gute Produktbilder zu finden in denen das Haupt Produkt gut beleuchtet ist. Schreiben sie eine detaillierte Beschreibung, um Ihre Besucher zu überzeugen das Produkt zu erwerben und nutzen sie Videos falls sie die Möglichkeit dazu haben.

# Kapitel 4
## Dropshipping Methoden

Es gibt viele Dropshipping Methoden, die für sie Interessant sein könnten. Manche davon sind höchst beliebt in der Dropshipping Community und andere wiederum haben ein fragwürdiger Ruf, weil die Methode für viele sehr umstritten ist. Einige davon werden sie in diesem Kapitel kennenlernen und vielleicht auch in Zukunft umsetzen. Achten sie bitte darauf sich erstmals gut vorzubereiten, bevor sie mit eins der kommenden Methoden anfangen. Als Dropshipper sollten sie die folgenden Methoden unbedingt kennen und vom Grund auf verstehen, sonst gelten sie als durchschnittlicher Anfänger. Machen sie sich gefasst auf die bekanntesten Dropshipping Methoden, die es zurzeit gibt. Sie werden erfahren, wie viel Potenzial solche Methoden haben können, und lernen diese richtig umzusetzen, um Fehler frühzeitig zu vermeiden. Für den Anfang starten wir mit eins der bekanntesten Methoden, die es zurzeit gibt.

### 4.1 Wholesale Methode
Die Wholesale Methode ist recht simple, dennoch schwierig umzusetzen, vor allem als Anfänger ist die Methode nicht wirklich zu empfehlen. Bei der folgenden Methode geht es darum, mit so vielen Produkten wie möglich anzubieten. Sie können sich auf einer ganz spezifischen Nische konzentrieren oder alle Arten von Produkten anbieten, die Ihnen auf den Sinn kommen. Die meisten die sich auf keiner Nische spezifizieren, scheitern leider frequent. Liegt einfach daran, dass es ähnliche E-Commerce Seiten wie Amazon gibt, die einen besseren Ruf geniessen, und die Kunden einfach viel besser versorgen können als wir.
Wenn sie Grosshandel betreiben möchten, empfehle ich Ihnen sich

auf einer Nische zu konzentrieren, wie beispielsweise Camping, Jagen und so weiter. Sie sollten mindestens 150 bis 300 Produkten anbieten, um mit der Methode erstmal gut starten zu können. Holen sie sich unbedingt Hilfe dazu, da solch ein vorhaben viel Zeit in Anspruch nimmt. Das alleinige Suchen und Importieren, beträgt eine Menge Arbeit. Sie sollten unbedingt damit rechnen, ein paar Monate für den alleinigen aufbaue der Seite zu investieren.

Geben sie jedes Produkt eine ausreichende Beschreibung, um auf den Suchergebnissen besser Ranken zu können. Wenn sie die Möglichkeit haben, fügen sie Referenzen hinzu, um Ihre Erfolgsquote weiter zu steigern. Haben sie Ihrer Zielgruppe vor Auge und denken sie daran möglichst schnell mit der Vermarktung Prozess zu beginnen. Es ist enorm wichtig die Zielgruppe erstmals zu testen.

Das sind die Vorteile der Wholesale Methode
- Grosse Auswahl an Produkten
- Steigernde Seriosität der Seite
- Vorteile mit Up und Cross-Sale
- Mehr Organische Reichweite
- Zurückkehrende Kunden

**4.2 One Produkt Methode**

Bei der One Produkt Methode, haben sie die Möglichkeit ein einzelnes Produkt anzubieten. Die Methode funktioniert äusserst gut und wird von vielen sehr stark empfohlen, da man dadurch viel schneller an konkreten Daten kommt. Die gesammelten Daten sind für ihr Nischen Produkt übersichtlicher und geben den bereits installierten Pixel, die erforderlichen Werkzeuge um die richtige Zielgruppe zu Targetieren. Der sogenannter Facebook Pixel, hilft Ihnen dabei, Daten von allen aktuellen Besuchern zu speichern. Diese Daten sind dafür da um Ihnen in der Vermarktungsprozess mit Facebook Ads, Kaufbereite Leute zu finden.

Sie werden schnell merken wie effektiv die One Produkt Methode ist, ein einziges Nischen Produkt kann sehr profitabel werden, wenn sie eine gute Recherche durchzogen haben. Sie können durch die One Produkt Methode auch eine bessere Beschreibung, sowie gut strukturierte Anzeigen schalten. Achten sie darauf, keine hohen Liefergebühren zu verlangen, damit sinkt ihr Conversion Rate deutlich schnell ab. Am besten, bieten sie Ihre Produkte ohne Lieferkosten an, somit steigt das Interesse um 90%. Die erwähnte Methode bringt viele Vorteile mit sich, anders als bei der ersten Methode ist die folgende für Anfänger mehr als gut geeignet.

Um aus dieser Methode mehr raus zu bekommen, sollten sie unbedingt einen Upsale einbauen. Sie können aber auch versuchen, eine Cross-Sale Funktion einzubauen. Probieren sie das aus was für sie am besten funktioniert. Haben sie keine Angst davor Dinge auszuprobieren, umso mehr sie testen, desto mehr steigt Ihre Erfahrung und somit auch Ihr Conversion Rate. Wenn ihr erstes Produkt scheitert, wechseln sie zu einem anderen und testen sie bis sie den sogenannten «Winning-Product» gefunden haben. Wenn eins der Produkte gut konvertiert, sollten sie nach einer gewissen Zeit skalieren um Ihre Einnahmen zu steigern.

**Markenaufbau:** Mit einem einzigen Produkt sind sie auf einer ganz spezifischen Nische spezialisiert, was bedeutet, dass sie eine eigene Marke aufbauen könnten, falls die Umsätze rasant steigern sollten. Sie haben dadurch mehr Vorteile als wenn sie blosses Dropshipping betreiben. Die Umsätze werden deutlich mehr und die zurückkehrenden Kunden, werden zu treuen Fans. Wenn sie das Produkt ausgeschöpft haben oder sie den Fokus auf ein anderen Online Shop setzen möchten, können sie die Marke an Investoren weiterverkaufen, die ein gewisses Interesse daran haben, privat Labeling zu betreiben. Wenn sie gute Zahlen aufweisen können, sollte das weiter Verkaufen der Marke, für Ihnen recht leichtfallen.

Das sind die Vorteile der One Produkt Methode
- Bessere Up & Cross-Sales
- Bessere Conversion Rate
- Flexible Produkt Tests
- Konkrete Pixel Daten
- Markenaufbau möglich

## 4.3 Free plus Shipping Methode

Wir kommen wieder an einem Punkt, wo wir über eine ganz bestimmte Methode reden, die sehr umstritten ist. Die Free plus Shipping Methode gehört zu den bekanntesten Methoden, die es im Dropshipping Bereich gibt. Sie ermöglicht es dem Kunden, das Produkt kostenfrei zu bekommen, im Gegenzug zahlen sie eine kleine Summe an Lieferkosten. Die Lieferkosten decken die Produktkosten, somit darf das Produkt nicht teurer als 2-4 Dollar werden. Das Ganze klingt erstmal spannend, oder? Nur ist es so, dass es bisschen ungewöhnlich erscheint, für Kunden, die zum ersten Mal sowas sehen.

Die Free plus Shipping Methode hat viele Vorteile, bringt aber auch genauso viele Nachteile mit sich. Der Grund dafür ist ganz simpel, die meisten Kunden merken, dass die Produktkosten mit den Lieferkosten zusammen abgedeckt werden. Somit sinkt das Vertrauen der Kunden mit der Zeit, sie können aber auch grosse Profite schlagen, wenn sie die Methode erstmal richtig umgesetzt haben.

### Lohnt sich die Methode für Ihr vorhaben?

Die erste Frage, die sie sich stellen sollten, ist, ob sie eine Marke aufbauen wollen. Falls dies der Fall ist, haben sie andere Methoden zur Auswahl, die Ihnen mit Sicherheit bessere Ergebnisse bringen können als dieser hier. Die Free plus Shipping Methode eignet sich nicht dafür, eine Marke aufzubauen. Der Grund dafür ist, dass die Kunden kein Vertrauen in Ihre Marke setzten können. Man erreicht mit der Free plus Shipping Methode zwar sehr viel an Traffic, aber keine gute Beziehung mit dem Kunden.

Die meisten interessieren sich nur für das kostenlose Produkt und nicht für Ihre Marke an sich. Denken sie gut darüber nach, wie sinnvoll es sein könnte so eine Methode für sich zu nutzen. Es gibt natürlich auch punkte die dafürsprechen, die Free plus Shipping Methode zu nutzen. Einerseits haben sie wenig, sich für Ihre Marke interessierende Kunden, erhalten aber umso mehr Aufmerksamkeit, durch das angebliche kostenlose Produkt.

### Worauf sollte man achten?

Sie sollten darauf achten, alle Ihre Werbekampagnen so seriös wie möglich zu gestalten, um nicht als Betrüger abgestuft zu werden. Die Leute sollten sich bei Ihnen sicher fühlen, deshalb seien sie so diskret wie möglich. Vergessen sie nicht, auf die Lieferkosten aufmerksam zu machen, um keine Kunden vorzeitig zu enttäuschen. Nutzen sie keine Upsales und versuchen sie stattdessen Cross-Sales zu implementieren. Versuchen sie das ganze so simpel wie möglich zu gestalten, um die Kunden nicht zu überfordern.

<u>Das sind die Vorteile der Free plus Shipping Methode</u>
- Herausragender Traffic Grösse
- Funktionierende Cross-Sales
- Einfache Umsetzung
- Bessere Conversion Rate

### 4.4 Product Bundling Methode

Das Product Bundling ist nicht so bekannt wie die davor genannten Methoden, sie ist aber dennoch eins der effektivsten wenn's um strategisches Vermarkten geht. Wie der Name schon verrät, handelt es sich um das Bündeln von zwei oder gar drei Produkten. Sie bieten die gebündelten Produkte mit einem stark reduzierten Preis an, und machen mehr Umsatz als wenn sie nur ein einzelnes Produkt angeboten hätten. Die Methode funktioniert hervorragend, wenn sie es schaffen zwei Produkte zu finden die gut mit einander passen. Am besten bündeln sie zwei Produkte, die zusammen einen guten paar machen oder einfach gut dazu gehören. Die Strategie ist so einfach und recht simpel umzusetzen, sie werden schnell merken wie profitabel die Product Bundling Methode eigentlich ist.

Sie haben die Möglichkeit mehr aus einem einzigen Kunden zu bekommen, was die Umsetzung der Methode so verlockend macht. Sie wird leider nicht sehr oft genutzt, da man dadurch keinen guten Ergebnissen mit den Up und Cross-Sale Methode erreicht. Testen sie die folgende Strategie aus und optimieren sie diese mit der Zeit nach Ihren eigenen Bedürfnissen nach. Wenn sie gute Produkte ausgewählt haben, die miteinander gut kombinieren, steigt ihr Conversion Rate deutlich an und verschafft Ihnen somit einen Vorteil im Gegensatz zu anderen.

### Lohnt sich die Methode für Ihr vorhaben?

Kommt drauf an, was für Ziele sie anstreben und ob sie dazu bereit sind verschiedene Produkte ständig zu kombinieren und auszuprobieren. Sie müssen eine Nische auswählen, die es erlaubt zwei oder mehrere Produkte gleichzeitig zu kombinieren. Achten sie darauf die Methode nicht zu überlasten in dem sie mehr als 3 Produkte gebündelt anbieten. Recherchieren sie gut, um schlecht kombinierte Produkte zu vermeiden. Notieren sie sich alle Zielgruppen, die für eine Bundling Methode gut in Frage kämen.

Falls sie Ihre Konkurrenten bereits kennen, schauen sie bei denen nach, um zu sehen was gut und schlecht gemacht wird. Facebook Anzeigen und andere Werbeflächen, die Ihre aktuellen Konkurrenten nutzen sind gut, um zu spionieren. Testen sie verschiedene Varianten und Kombinationen nach, die für sie in Frage kommen. Haben sie

Geduld, und schreiben sie auf, welche gebündelte Produkte das beste Ergebnis erzielt hat. Wenn sie die Möglichkeit haben, führen sie A/B Tests, um eine möglichst gute Optimierung hinzubekommen.

Das sind die Vorteile der Product Bundling Methode
- Einfache Umsetzung
- Mehr Umsatz als zuvor
- Grosser Spielraum
- Effektivere A/B Tests
- Bessere Conversion Rate

# Kapitel 4
## Dropshipping Methoden
## (Zusammenfassung)

- **Wholesale Methode:** Bei der Wholesale Methode werden so viele Produkte wie möglich angeboten um eine breite Anzahl an Zielgruppen anzusprechen. Die Art von Methode ist nicht besonders beliebt, da man dadurch keine spezifische Zielgruppe anspricht. Wenn sie dennoch denn Versuch wagen, einen Wholesale Shop zu erstellen ist es Ihnen überlassen.

- **One Produkt Methode:** Sie handeln lediglich mit einem Produkt, dass auf einer ganz spezifischen Nische abzielt. Die One Produkt Methode ist sehr effektiv, wenn es darum geht konkrete Kunden Daten zu erhalten. Sie können Up sowie Cross Sale Funktionen einbauen, um Ihren Umsatz stark zu erweitern. Die Methode ist besonders für Anfänger gut geeignet, da der Fokus auf ein bestimmtes Produkt liegt.

- **Free plus Shipping Methode:** Die Free plus Shipping Methode ist eins der umstrittensten Methoden auf dieser Liste. Sie erlaubt es Ihnen Produkte kostenlos anzubieten, im Gegenzug auf einem kleinen Betrag für die Lieferkosten. Sie erhalten viel Traffic und Aufmerksamkeit durch das kostenlose Produkt, wenn sie das ganze gut umgesetzt haben.

- **Produkt Bundling Methode:** Bei dieser Methode handelt es sich um das Bündeln von zwei bis drei Produkten in derselben Nische. Die Methode funktioniert hervorragend, wenn sie es schaffen, gute Produkte zusammen zu bündeln. Mit einer Bestellung von gut gebündelten Produkten machen sie mehr Umsatz als mit einem einzigen Produkt. Sie ist leicht umzusetzen und wird dennoch nicht oft genug benutzt.

## Vor und Nachteile der Vier Methoden

Die folgenden Produkte haben sehr vieles gemeinsam, dennoch gibt es einige die weitaus überlegen sind. Als erstes sollten sie wissen, dass es nicht darauf kommt, welches mehr generiert als alle anderen. Sie sollten sich die Methode aussuchen, die zu Ihren Bedürfnissen und Zielen passt, alles andere spielt in dieser Konstellation keine Rolle. Die Wholesale Methode hat den Vorteil, das Verlangen von viele verschiedenen Zielgruppen zu befriedigen. Sie eignet sich vor allem für Unternehmer, die eine grosse Plattform aufbauen wollen, in dem man alle möglichen Produkte erwerben kann. Die One Produkt Methode ist die effektivste von allen, da sie es den Pixel erlaubt konkrete Daten zu sammeln, um passende Käufer ausfindig zu machen. Sie eignet sich besonders für Anfänger, die mit Dropshipping starten wollen. Die Free plus Shipping Methode ist dazu da, um die Aufmerksamkeit einer Zielgruppe zu gewinnen. Sie eignet sich, um viel Traffic zu bekommen, sowie kurzfristig viel umzusetzen. Die Produkt Bundling Methode ist, die am wenig benutze von allen und ist gut, um Produkte zusammen zu bündeln. Sie eignet sich für jeden der gerne Produkte kombiniert.

# Kapitel 5
## Die Richtige Nischen Auswahl

Eins der meist unterschätzten Etappen für das Umsetzen des Dropshipping Geschäfts ist es, die Nische. Die meisten die sich in der Materie nicht gut genug auskennen, suchen sich irgendwelche Nischen aus, die entweder überfüllt sind oder an nachfrage belangen. Wir wissen zwar, dass Nischen den Erfolg unseres Dropshipping Geschäfts im grössten Teil ausmachen, aber was sind überhaupt Nischen? Und wo finde ich genau die passende für mein Online Geschäft? Eine Nische kann eine Kategorie sein auf dem nur ein bestimmtes Produkt oder Leistung aufgelistet ist.

Die Kategorie sollte nicht allzu umfassend sein, am besten sucht man sich eine spezifische Kategorie aus, die an nachfrage mangelt. Angebote von Konkurrenten sollten den Marktanteil nicht überbieten. Es muss mindestens einen Suchvolumen von 5000 bis 10.000 gegeben sein, um damit möglichst gute Profite zu schlagen. Wenn es kein Interesse für das jeweilige Produkt besteht, entsteht auch keine gute Nische. Sie sollten möglichst lange Recherchieren bevor sie sich für eine ansprechende Nische entschieden haben.

### 5.1 Gute und schlechte Nischen

Eine gute sowie eine schlechte Nische sind in den meisten Fällen leicht zu erkennen. Es gibt aber viele die noch nicht genau wissen, wie man eine gute von einer schlechten Nische unterscheidet. Deswegen gibt es immer mehr Unternehmer, die mit Dropshipping anfangen wollen und wieder nach ein paar Monate frustriert aufgeben. Es liegt nicht an die Vermarktung oder an dem Online Shop, sondern an die unüberlegte Nische, die ausgewählt wurde. Sie können sich bestimmt vorstellen wie ärgerlich so etwas für ein unerfahrener in der Materie sein kann. Sie müssen sich aber keine

Sorgen machen, den nach diesem Kapitel sind sie in der Lage eine gute von einer schlechten Nische zu unterscheiden. Fangen wir an mit den guten Nischen, die für unseren Online Geschäft so erwünscht ist. Es gibt viele Faktoren, die eine recht gute Nische ausmacht, einige davon werden sie jetzt erfahren. Lassen sie sich auf keinen Fall von guten Bewertungen beeinflussen, die Bewertungen ergeben kein klares Zeichen dafür ob eine Nische gut dazu ist, um Dropshipping damit zu betreiben. Die folgende Nische könnte überfüllt, oder von einflussreichen Konkurrenten umgeben sein. Eine gute Nische erkennt man dadurch, dass sie einzigartig erscheint, das Produkt sollte keines Falls in den Lokalen Läden zu finden sein, um die Profitabilität zu steigern.

Ein anderer Faktor, der Ihnen reichlich helfen könnte, ist folgender, die profitabelsten Nischen sind schwer zu finden. Was genau heisst das jetzt? Man findet sie nur in den unter Kategorien von Seiten wie AliExpress oder Amazon. Versuchen sie tief unter den zahlreichen Kategorien zu suchen, je länger sie sich Zeit nehmen, umso besser werden die Ergebnisse für sie sein. Achten sie darauf, nur Nischen auszuwählen, die nicht allzu beliebt sind. Suchen sie sich Nischen aus, die ein bestimmtes Problem oder Bedürfnis schnell und einfach lösen. Desto praktischer das Produkt, umso besser die Nachfrage danach.

Es ergeben sich ein paar Mal Chancen, neue Trend Nische zu finden, in dem sie auf die jeweiligen Trends Ausschau halten. Nutzen sie dafür News Kanäle und andere Informationsplattformen, die Ihnen auf dem laufendem halten. Ich kann Ihnen Google News empfehlen, da es sich um eine schnelle und sichere Quelle der top aktuellen Informationen handelt. Bleiben sie auf dem laufendem und sein sie der Konkurrenz immer ein Schritt voraus. Sich über neue Trend Produkte zu informieren kann für sie sehr profitabel werden, da es sich besonders fürs Dropshipping gut lohnt. Mit solchen ausgeklügelten Strategien werden sie langfristige Erfolge feiern und gleichzeitig lernen, wie wichtig es ist, sich mit Produkt Trends auseinanderzusetzen.

## 5.2 Wie entstehen gute Nischen?

Gute Nischen entstehen durch ganz verschiedene Gründe, die meisten davon werden für sie kurz erläutert. Eine profitable Nische entsteht, durch ein hohes anmass an Interesse, verursacht durch einen bestimmten Artikel oder Blog der Online zu dem folgenden Thema veröffentlicht wurde. Eine Nachfrage wird durch Interaktionen und Interesse gebildet. Die Nachfrage kann auch dadurch bestehen, dass eine etwas bekanntere Persönlichkeit das folgende Produkt präsentiert oder schon Mal erwähnt hat. Wie sie sehen, gibt es viele verschiedene Gründe wie profitable Nischen entstehen können. Deswegen sollten sie sich ständig auf dem laufendem halten, um keine Trends zu verpassen. Nischen sind das Gerüst Ihres Erfolges und werden, genauso wichtig bleiben wie die Vermarktung an sich selbst.

Anderseits kann auch eine gute Nische dadurch entstehen, in dem Lokale Medien sich über ein bestimmtes Themengebiet äussert und Anregungen dazu anheizt. Sozialen Medien zum Beispiel, können leicht dazu beitragen profitable Nischen aufzubauen, die macht von solchen Plattformen ist enorm und sollte keines falls unterschätzt werden. Achten sie darauf und zeigen sie Präsenz auf den wichtigsten Plattformen, die relevant für Ihre Zielgruppe sind. Was eine echt gute Nische ausmacht, ist die Effektivität dessen und wie sie für den Konsumenten ein gewisses Bedürfnis befriedigt. Die meisten Leute, die dazu neigen gleich bei Ihnen einzukaufen sind die, die bestimmte Probleme bereits erkannt haben und auf eine einfache Lösung interessiert wären. Sie können zufällig derjenige sein, der eine Lösung dafür bereithält, und sie zu einem guten Zeitpunkt offeriert.

Sie sollten sich von der Konkurrenz so gut wie möglich distanzieren und eine eigene innovative Lösung anbieten. Es kommt immer darauf an wie sie Ihre Botschaft rüberbringen, sein sie kreativ und einzigartig. Versuchen sie nicht aufdringlich zu erscheinen und denken sie daran den Nutzen sowie Vorteile des Produkts zu erwähnen. Eine gute Nische zu finden kann Ihnen recht viele Vorteile bringen, es kann aber vorkommen, dass sie mit anspruchsvollen Kunden konfrontiert werden, wenn die Nische neu erschienen ist. Da es wenige Konkurrenten gibt, erwarten die meisten Konsumenten von Ihnen einen ausgezeichneten Service. Beraten sie alle Kunden gleich gut und vermeiden sie Diskussionen, um Ihren Ruf als Unternehmen zu bewahren.

## 5.3 Wie erkennt man schlechte Nischen?
Schlechte Nische sind leicht zu erkennen, sie sind meistens zu stark überfüllt und haben viele etablierte Marken, die den grössten Teil vom Markt übernehmen. Solche Nische sind besonders nicht für Anfänger mit wenig Kapital zu empfehlen. Sie sind hartumkämpft und schwer zu dominieren, ausser man besitzt bereits ein hohes anmass an Kapital. Es ist einfacher, sich mit wenig umkämpften Nischen zu befassen, diese bereiten Ihnen keine Unannehmlichkeiten, wenn's ums Vermarkten kommt. Vergessen sie nicht die Nische gut zu analysieren, bevor sie sich dafür entschieden haben, manche davon mangeln an Nachfrage oder sind nur vorübergehende Trends. Sie können sich auch gerne von Bewertungen lenken lassen, da sie ein Zeichen dafür sind wie gut das Produkt bei der Masse ankommt. Lesen sie alle Bewertungen gut durch und achten sie besonders auf schlechte Bewertungen, um die schlechten Seiten des Produkts bereits zu kennen.
Ein anderer Weg, wie sie schlechte Nischen effektiver erkennen können, ist es sich mit dem Nutzen des Produkts auseinander zu setzen. Welche Probleme löst das jeweilige Produkt oder welche Bedürfnisse werden befriedigt? Hat das folgende Produkt vielleicht

Eigenschaften, die andere auf derselben Kategorie nicht haben? Alles fragen die Ihnen dabei helfen können schlechte Nischen zu vermeiden. Sie werden merken wie schnell sie gute von schlechten Nischen unterscheiden können, allein dadurch, dass sie wissen wie eine Nische aufgebaut ist. Eine Nische sollte immer ein Problem oder Bedürfnis sättigen um als profitabel zu gelten. Wenn einer dieser Eigenschaften fehlt, ist sie nicht gut genug, um damit langfristig Geld verdienen zu können. Wenn sie eine Nische auswählen, die überfüllt ist und schlecht perform, verlieren sie kostbare Zeit die effektiver genutzt werden konnte.

Sie sollten darauf achten, nicht alle Nischen als schlecht zu betrachten, denn die meisten davon haben ein hohes Potenzial. Die Produkte die am meisten Profite einbringen, sind die auf die man sonst nicht zu Hand kommt. Wie genau meine ich das? Es ist recht simpel, sie finden sie sonst nicht in den Läden oder sonst wo. Ein Produkt, das nur Online gekauft werden kann, bringt viele Vorteile mit sich. Sie gelten als einzigartig und geben dem Kunden das Gefühl eine gute Entscheidung getroffen zu haben. Seien sie nicht zu wählerisch und entscheiden sie sich für ein Produkt, der aus der Masse heraussticht, desto mehr Aufmerksamkeit das Produkt bekommt, umso besser für die Vermarktung. Die Leute reagieren eher auf Dinge, die sie nicht kennen oder einzigartig erscheinen. Bieten sie ein Mehrwert an und seien sie möglichst offen für alle Arten von Produkten, die herausstechen.

<u>Gute Nische enthalten</u>
- Lösungen auf Probleme
- Vorteile für den Käufer
- Eine gute Botschaft
- Ein bestimmter Mehrwert
- Exklusivität für den Kunden

# Kapitel 5
## Die Richtige Nischen Auswahl
## (Zusammenfassung)

- Gute Nischen: Gute Nischen erkennt man dadurch, dass sie Probleme schnell und einfach lösen. Sie sind einzigartig und unterscheiden sich von ähnlichen Varianten, man findet sie meistens nicht in Lokalen Läden. Solche Nischen sind besonders gut für langfristiges Handel, da sie eine ganz besondere Zielgruppe anspricht. Nischen, die zu Trends werden sind sehr interessant sowohl auch profitabel. Produkte, die zu Trends werden, sind gut, um kurzfristige Gewinne einzufangen, langfristig gesehen werden sie jedoch keine stabilen Umsätze erzielen können.

- Schlechte Nischen: Schlechte Nischen sind hauptsächlich, das völlige Gegenteil von Gute Nischen. Man findet die Produkte überall wo man danach sucht, beispielsweise in Lokalen Läden und Grossmärkte. Sie sind meistens überfüllt und von etablierte Marken übernommen. Sie sind stark umkämpft und für Anfänger gar nicht gut geeignet. Vermeiden sie Nischen die beliebt und von Konkurrenten sind, fokussieren sie sich auf spezifische Produkte mit wenig Angebot und angemessener Nachfrage.

### Wie sie gute Nischen finden
Wenn sie auf Seiten wie Aliexpress oder Amazon nach allen möglichen Nischen ausschauhalten, werden sie schnell merken das die besten Nischen in den Unterkategorien liegen. Sie sind meistens spezifisch und für eine ganz bestimmte Zielgruppe ausgelegt. Achten sie darauf eine Nische zu finden die ein Problem des Kunden schnell

und einfach löst. Wenn sie solch eine Nische finden, informieren sie sich über das Angebot und Nachfrage Verhältnis. Sie können mit folgenden Nischen, langfristige Einnahmen erzielen und nebenbei eine Marke aufbauen.

## Wie sie Trend Nischen finden

Trend Produkte zu finden kann sehr lukrativ werden, denn sie ermöglichen es Ihnen in kürzester Zeit zehn Mal mehr zu verkaufen. Solche Trend Nischen können sie auf Nachrichten Plattformen sowie in Sozialen Medien finden. Wenn sie auf der Suche nach gut funktionierenden Tools sind kann ich Ihnen Google Trends empfehlen. Google Trends ist eins der besten Tools, um aktuelle Trends zu finden. Eines sollten sie aber vorerst wissen, sie generieren mit solchen Nischen nur kurzfristige Einnahmen. Wenn sie es aber dennoch schaffen immer aktuelle Trend Nischen zu finden, können sie recht gut davon profitieren.

# Kapitel 6
## High Ticket vs. Low Ticket

Was bedeutet High und Low Ticket? High Ticket weisst auf teure Produkte und Low Ticket dagegen auf viel Billige davon. Bevor sie mit Dropshipping anfangen, sollten sie genau wissen welche Art von Produkt sie anbieten wollen und auf welche Preis Kategorie sie einsteigen. Sie brauchen eine ausgeklügelte Strategie, die Ihnen dabei hilft Ihre Ziele nicht aus den Augen zu bekommen. Auf diesem Kapitel werden sie erfahren, welche Vorteile die beiden Optionen haben und welche davon sie auf jedem Fall Nutzen sollten, wenn sie erfolgreich sein möchten.

Wenn sie mit Dropshipping anfangen ist die Frage immer gross, welche preis Kategorie das Produkt haben soll. Wir wissen, dass teure Produkte schwer zu verkaufen sind und billige dagegen viel einfacher, aber welche von den beiden Optionen ist gut für unser Geschäft? Die meisten glauben fest daran, dass billige Produkte mehr Sinn ergeben als teure Angebote aber die Wahrheit ist in Wirklichkeit ganz anders.

**High Ticket:** Sie bekommen durch High Ticket Produkte die Möglichkeit Ihr Business einfacher zu skalieren als mit Low Ticket. Der Grund dafür sind die höheren Einnahmen, die sie dadurch generieren. Mit High Ticket Produkte sind sie in der Lage mehr zu Verdienen und weniger fürs Marketing auszugeben. Ihre Aufgabe besteht nur dadurch das Vertrauen der Konsumenten zu gewinnen. Wie sie so etwas hinbekommen ist viel einfacher als sie es vielleicht denken. Um Vertrauen mit allen Arten von Interessenten aufzubauen, sollten sie so viel Wertvollen Content wie möglich anbieten. Denken sie daran, dass umso mehr Leute sie dabei helfen etwas zu erreichen, desto besser werden diese auf neue Angebote von Ihnen reagieren. High Ticket Produkte haben viele Vorteile, die sie ausnützen können, jedoch gibt es auch einige Nachteile, die erwähnt werden müssen.

Wenn sie erstmal anfangen, kann für Ihnen ein High Ticket Produkt viel zu anspruchsvoll vorkommen. Es liegt nicht daran das teure Produkte sich nicht gut verkaufen, sondern, dass die Leute sie noch nicht gut genug kennen, um zu kaufen. Machen sie auf sich aufmerksam und bieten sie kostenlosen Content sowie Gutscheine an, um das Vertrauen erstmals aufzubauen. Wenn sie eine Weile auf dem Markt sind und eine gewisse Anzahl an Leads gesammelt haben, können sie ruhig anfangen High Ticket Produkte anzubieten.

Sie können beide Optionen kombinieren und den High Ticket Produkt als Up oder Cross Sale offerieren. Alle Möglichkeiten stehen für sie zur Verfügung, denken immer daran eine gute Beziehung mit allen Kunden aufzubauen, um langfristige Umsätze zu generieren. Falls sie vorhaben ihr Business langfristig erfolgreich zu betreiben und stabile Profite zu generieren, sollten sie auf jedem Fall High Ticket Produkte anbieten. Egal wie teuer das Produkt ist, kann es immer noch gut verkauft werden, wenn die Zielgruppe sowie die Nachfrage übereinstimmen. Eine Nische mit viel Nachfrage und wenig Angebot lässt den Preis höher steigen. Finden sie solche Nischen und versuchen sie die Leute dabei zu helfen eine Entscheidung zu treffen.

## 6.1 Vorteil von High Ticket Produkte

Sie haben den Riesen Vorteil mit wenigen Sales, mehr Umsatz zu generieren. Hier ist es wichtig zu erwähnen, dass sie besonders diejenigen ansprechen sollten die bereits eine Absicht zu kaufen haben. Die Art von Gruppe nennt man häufig «Warm Traffic». Sie finden sie beispielsweise unter Suchmaschinen Werbung und andere ähnliche Werbekanäle. Das Gegenteil davon, sind Leute, die keine Absichten teilen ein bestimmtes Produkt zu erwerben «Cold Traffic». Je mehr Interesse die Gruppe aufweist, desto mehr kosten auch die entsprechenden Clicks. Das Ganze basiert auf einer ganz logischen Schlussfolgerung, dass wenn jemand nach etwas sucht, auch ein viel höheres Interesse danach aufweist als für jemand der gerade auf den Sozialen Medien unterwegs ist. Aus diesem Grund lassen sich teure Produkte auf Facebook oder Instagram schwer verkaufen.

Ein weiterer Vorteil von High Ticket Produkten ist die simple Umsetzung, man benötig nur ein einziges Produkt den man offeriert und erhält durch eine wenige Anzahl an Käufe einen guten Return On Investment (ROI). Wenn sie eine gute Strategie folgen und dabei konstant bleiben ist das Geschäft mit High Ticket Produkten gut skalierbar. Das Anbieten von teuren Produkten führt zu wenige Käufe, die weitaus mehr generieren als Low Ticket Produkte. Das Anbieten von High Ticket Produkten, bringt viele Vorteile mit sich. Als Beispiel müssen sie keine grosse Anzahl an Käufer beraten, was Ihnen viel Zeit erspart, und können auch noch dazu bessere Beziehungen mit einzelnen Kunden führen.

Dadurch, dass sie wertvolle Produkte anbieten ist die Rückkehrrate extrem hoch. Die loyalsten Kunden kommen nach ein paar Wochen oder Monate wieder von alleine zu Ihnen zurück. Ihre Produkte werden öfters empfohlen und Ihre Reichweite steigt rasant. Es entsteht ein gewissen Branding Effekt, was sich sehr lukrativ ausweist. Aus diesem Grund sollten sie Ihre Marke in den Vordergrund ziehen, um Präsenz zu zeigen. Das Branding spielt eine grosse Rolle im Online Handel, deshalb sind die erfolgreichsten Dropshipper namhafte Marken. Sie müssen das Vertrauen der Kunden gewinnen, nur somit können sie erfolgreich handeln.

Wenn ein Kunde bei Ihnen einkauft hat er bereits ein gewisses Vertrauen entwickelt, was auf jedem Fall geschätzt werden sollte. Behandeln sie deshalb alle Kunde gleich gut ob nervig oder purer Kritiker, um Ihre Reputation als Unternehmen möglichst gut aufrecht zu erhalten. Wenn die Kunden erstmal merken wie gut sie dabei unterstützt werden, beginnen sie ein gewisses Interesse fürs Unternehmen aufzubauen und werden automatisch zu loyalen Stammkunden. Lernen sie von anderen High Ticket Produkt Anbieter und nehmen sie die besten daraus als Beispiel für Ihre eigene Zwecke. Es ist gut von anderen experten zu lernen, die schon lange dabei sind und den Markt bestens kennen. Schauen sie nach, wie Produktbeschreibungen geführt werden und setzen sie die gleiche Methode auf Ihrem Online Shop oder Landing Page durch. Was Kunden besonders dazu bewegt, zu Konvertieren sind gute Bilder und eine ausführliche Aufzählung der Produkteigenschaften. Versuchen sie eine gute Story einzubauen, um Emotionen hervorzurufen. Wenn sie das Gefühl haben Veränderungen auf der Landing Seite durchzuführen, seien sie achtsam und nutzen sie einen BackUp.

**Low Ticket:** Low Ticket Produkten werden am meisten angeboten, wenn es ums Dropshipping Modell geht. Der Grund dafür sind einige die sehr nachvollziehbar sind. Man verdient schneller und bekommt einen ziemlich günstigen Preis in der Vermarktung, vor allem auf Google Ads. Ein anderes Motiv warum viele Leute Low Ticket Produkte bevorzugen, ist der Glaube das man dadurch viel mehr verkaufen kann als mit High Ticket Produkten. Das ist schon mal richtig so aber der Grossteil davon vergisst, dass man mit High Ticket viel mehr Umsetzen kann als mit Low Ticket Produkte.

Wenn sie sich mal überlegen, dass man mit einen Low Ticket Produkt zwischen 5 bis 10 Dollar pro Einheit generiert, ist es nichts im Vergleich zu was ein High Ticket Produkt umsetzen kann. Desto trotz haben sie die Möglichkeit mehr Bestellungen zu generieren, um somit mehr Kunden Kontakte zu bekommen. Ihr Facebook Pixel kann sich dadurch, dass es bei Ihnen mehr gekauft wird auch bessere Daten entwickeln, die Ihnen schlussendlich dabei helfen werden, einfacher kaufbereite Leute zu finden. Wenn sie also dazu interessiert sind mit multiplen Kunden Daten zu arbeiten sind sie mit der Low Ticket Methode gut versorgt.

## 6.2 Vorteil von Low Ticket Produkte

Sie haben den Vorteil alle Ihre Kunden einfacher auf verschiedenen Sozialen Medien Plattformen anzusprechen. Dabei können sie Ihre Zielgruppe besser kennenlernen und mit Ihnen leichter Interagieren. Nutzen sie E-Mail-Marketing, um Käufer und Interessenten jederzeit über neue Produkte aufmerksam zu machen. Da Ihre preise recht günstig sind, werden die Produkte oftmals empfohlen und geteilt. Low Ticket Produkte geben Ihnen die Möglichkeit, Upsales besser einzusetzen was es zu einem ziemlich grossen Vorteil macht, mit Low Ticket Produkten zu handeln. Sie sind in der Lage mehr Traffic zu generieren und erhalten eine Unmenge an Kunden Daten. Die folgenden Daten werden auf den Facebook Pixel gespeichert, sie sind äusserst wichtig, um Ihre Kunden besser zu definieren. Dazu noch bekommen sie bessere Ergebnisse auf zukünftige Facebook Werbeanzeigen.

Mit Low Ticket Produkte haben sie die Möglichkeit Cold Traffic besser anzusprechen. Das sind Leute, die kein Interesse daran haben etwas zu erwerben. Sie sind meistens auf Sozialen Medien unterwegs, um mit Freunden zu schreiben oder Beiträge anzusehen. Diese Art von Gruppe kann man mit einem niedrigen Budget schon ziemlich gut ansprechen, dennoch sollten sie nicht zu viel erwarten. Das Gegenteil von Cold Traffic ist warm Traffic, diese Art von Leuten finden sie meistens auf Suchmaschinen wie Google oder Bing, aus diesem Grund kosten Werbeanzeigen auf Google deutlich mehr als in Facebook.

Sie sollten Ihre Anzeigen gut gestalten und immer strategisch vorgehen, um diese Art von Leuten zu überzeugen bei Ihnen einzukaufen. Wenn sie mit Low Ticket Produkte handeln sind sie auf allen Sozialen Medien, die Ihr Produkt entsprechen, ziemlich gut platziert. Die Zielgruppe, die sie ansprechen möchten, reagiert auf Ihr Angebot besonders gut, weil das Interesse und der Preis übereinstimmen. Achten sie deshalb darauf, die Produkt preise so gut wie möglich zu senken. Vergessen sie nicht Ausgaben sowie Profite zu berechnen, um nicht ins Feuer zu geraten. Generell wird Low Ticket bevorzugt, ob sie es damit schaffen langfristig profitabel zu bleiben, hängt von Ihrer Marketing Strategie ab.

## 6.3 Unterschied zwischen High und Low Ticket
Beide Optionen haben stärken und Schwächen sowie es auch zu erwarten ist. Es kommt nicht immer darauf an, welche Preiskategorie sie auswählen, sondern viel mehr auf welche Nische sie einsteigen. Wenn das Produkt und der Preis stimmen, haben sie ein Produkt das Optimal für den Online Handel geschaffen ist. Genau aus diesem Grund sollten sie sich über die Nische am besten informieren, um die Preise sowie die Zielgruppe einschätzen zu können. Fürs erste macht es Sinn, High Ticket Produkte anzubieten, aber das soll nicht bedeuten, dass es auch leichter ist damit zu Handeln. Sie brauchen etwas mehr Erfahrung und eine klare Definition Ihrer Zielgruppe, um gleich los legen zu können.

Machen sie sich Gedanke auf welche Nischenart sie die besten Resultate erzielen könnten. Recherchieren sie, um neue Produktklassen zu entdecken und versuchen sie sich von den meisten Dropshipper zu unterscheiden, da der Grossteil davon schlecht performt. Je mehr Kategorien sie entdecken, umso besser werden, die Entscheidungen darüber sein welche Nische sie schlussendlich auswählen. Low Ticket Produkte haben den Vorteil mehr Aufmerksamkeit zu kriegen. Liegt meistens daran, dass das Produkt unter dem standartpreis angeboten wird und allen Konkurrenten somit übertrifft.

High Ticket Produkte sind im Gegensatz zu Low Ticket Produkte recht schwierig zu verkaufen, dennoch werden sie mit wenige Bestellungen mehr Umsatz generieren als mit Low Ticket. High Ticket Produkte sind meistens 10 oder 20 Mal so teuer wie Low Ticket Produkte. Ob High oder Low Ticket, sie sollten am besten beides ausprobieren, um ein Gefühl zu bekommen, welche der beiden für sie am besten funktioniert. Falls sie Schwierigkeiten haben mit eins der beiden, sollten sie die beste performte Variante auswählen. Es gibt einige Dinge zu beachten, um eine richtige Wahl in Bezug auf Preiskategorie zu treffen.

Wenn beide Optionen ins nichts führen, liegt das Problem höchstwahrscheinlich an die Vermarktung der Produkte. So ein Fehler würde für Verwirrung sorgen, da beide Optionen die gleiche Art von Vermarktung brauchen. Achten sie deshalb darauf eine gute Marketing Strategie zu nutzen, um keinen falschen Ergebnissen zu bekommen. Wenn sie Anfänger sind und sich dafür entscheiden Low Ticket Produkte anzubieten, ist das vielleicht gar keine so schlechte Idee. Immerhin können sie mit Upsales, hochqualitative Produkte offerieren die mehr kosten. Sie können solche Kombinationen ausprobieren und je nach Ergebnis weiter improvisieren. Der einzige Weg, um in Dropshipping erfolgreich zu bleiben ist es zu testen.

Ein Low Ticket Produkt mit integrierten Upsale kann für Ihnen sehr profitabel werden, wenn sie die Produkte gut miteinander kombinieren. Auch wenn High Ticket Produkte mehr einbringen, kann sich der Handel mit Low Ticket genauso gut lohnen. Sie erhalten mehr Kundendaten und bekommen eine bessere Definition Ihrer Zielgruppe. Es entsteht ein Riesen Vorteil in der Vermarktung dank denn vielen Daten, die mit der Zeit gesammelt wurden, was sich als gut für Ihre Werbekampagnen aufweist. Low Ticket Produkte können sehr vorteilhaft werden, der einzige Nachteil daran ist es auf langer Sicht profitabel zu bleiben.

# Kapitel 6
## High Ticket vs. Low Ticket
## (Zusammenfassung)

➢ High Ticket: Es sind Produkte mit einer hohen Preiskategorie, man generiert deutlich mehr und spart kosten in der Vermarktung. Generell erhalten sie wenige Bestellungen als mit Low Ticket Produkte, was aber nicht schlecht zu sehen ist. Sie haben weniger mit Kunden zu tun so, dass sie sich um den Kundenservice nicht sorgen müssen. Sie können Ihr Produkt besser skalieren und eine langanhaltende Einnahmequelle bilden. Da sie mit High Ticket Produkten zu tun haben, erhalten sie einen viel besseren ROI (Return on Investment) Durch den Preis entsteht ein viel stärkeren Branding Effekt, was gut dazu ist, um Kunden zurückzugewinnen.

➢ Low Ticket: Es sind Produkte mit einer kleinen Preiskategorie, die im Dropshipping Geschäft sehr beliebt sind. Man bekommt deutlich mehr Bestellungen als mit High Ticket und kann durch die vielen Daten bessere Ergebnisse in der Vermarktung erzielen. Das Umsetzen von Upsales ist effektiver bei solchen Low Ticket Produkten und führen zu besseren Resultaten. Der Vorteil von Low Ticket ist es Cold Traffic besser ansprechen zu können, durch den geringen Preis sind die Leute leichter zu beeinflussen, um eine gewisse Aktion zu starten.

**Vorteil von High Ticket Produkte:**

1. Mehr Umsatz - Trotz wenige Bestellungen machen sie mehr Umsatz als mit Low Ticket.

2. Wenige Kundenbeschwerden - Sie erhalten fast keine E-Mails über Produktebeschwerden, somit, müssen sie sich nicht mit Kundenservice gross auseinander zu setzen.

3. Return on Investment – Sie erhalten einen deutlich höheren Return on Investment dadurch, dass sie mit High Ticket Produkten handeln.

**Vorteil von Low Ticket Produkte:**

1. Mehr Bestellungen – Sie erhalten mehr Bestellungen, da die Preise recht erschwinglich sind für alle Interessenten.

2. Mehr Daten – Dadurch das sie mehr Traffic und Bestellungen bekommen erhalten sie mehr Daten, die Ihnen dabei helfen um besser zu Vermarkten.

3. Cold Traffic – Es fällt Ihnen leichter Cold Traffic anzusprechen, da sie mit Low Ticket Produkte handeln. Wenn das Interesse und der Preis stimmen, erhalten sie automatisch mehr Traffic sowie Bestellungen.

# Kapitel 7
## Produkt Vermarktung

Das Vermarkten von Produkten kann für viele sehr frustrierend werden, da man dafür Geld ausgeben muss. Sie benötigen ein gewisses Kapital und besonders gute Erfahrung im Bereich Marketing, wenn sie erfolgreich vermarkten wollen. Sie können natürlich nicht in jedem Bereich hervorragende Ergebnisse liefern, aus diesem Grund steht Ihnen die Möglichkeit frei sich Hilfe zu holen bei jemand der es besser hinbekommt. In diesem Kapitel werden sie lernen welche Werbeplattformen sich für die Vermarktung von Dropshipping Produkten am besten eignen und wie sie Ihre Zielgruppe von Grund auf definieren. Wie sie Konkurrenten nachspionieren und davon besser Optimierte Anzeigen erstellen.

### 7.1 Profitabelste Werbeplattformen

Wenn sie mit Dropshipping gutes Geld verdienen möchten, sollten sie wissen welche Werbekanäle sich für Ihr Business besonders gut lohnen. Die Nische, in der sie sich spezialisieren sollte, die Werbeplattform in den sie vermarkten angesprochen angepasst sein. Es gibt beispielsweise Produkt die zu ganz verschiedenen Plattformen gut performen, und wiederum andere die es nicht tun. Aus diesem Grund sollten sie wissen, welche Werbekanäle zu Ihrem Produkt oder Dienstleistung passt. Sie kennen sicher bereits die bekanntesten unter dessen; Facebook, Instagram und Google Ads. Es gibt einige die sie nicht kennen oder noch nicht ausprobiert haben, die sehr effektiv sind wenn's ums vermarkten von Dropshipping Produkte geht. Auf folgende Plattformen werden wir genauer eingehen und erfahren wie sie funktionieren.

1.  Facebook – Die wohl bekannteste und meist genutzte vermarktungsplattform, die es zurzeit gibt, ist ganz klar Facebook. Sie ermöglicht es Ihnen zielgerichtet Facebook User anzusprechen und mit dem Insights Tool, die Facebook kostenlos zur Verfügung stellt, sind sie in der Lage Ihre Zielgruppe genau zu definieren.

2.  Instagram – Die folgende Plattform ist auch sehr bekannt und gehört zu Facebook, ist aber um einiges günstiger und für einige effektiver als Facebook selbst. Instagram ist mehr Bildorientiert und spricht Leute an, die sich für Mode und Lifestyle begeistern, sie können diese Information beispielsweise dazu nutzen, um kreative Anzeigen zu schalten.

3.  Google Ads - Für Erfahrene Marketer ist Google Ads, die wohl beste Marketing Option, die es zurzeit gibt. Da es aus guten Gründen der Spitzenreiter ist, hat es auch den entsprechenden Preis dafür. Das vermarkten mit Google Ads ist deshalb so effektiv, weil der Traffic recht warm ist (Warm Traffic) und nicht kalt (Cold Traffic), wie bei Facebook oder Instagram. Warmer Traffic sind Leute, die bereits ein Interesse daran haben, ein Produkt zu kaufen oder sich darüber zu Informieren. Cold Traffic ist das völlige Gegenteil von Warm Traffic wie sie es sich bereits ausdenken können.

### 7.2 Welche Werbeplattform eignet sich?

Es ist äusserst wichtig vorerst zu wissen welche Werbeplattform sie nutzen wollen, um Ihre Produkte zu vermarkten. Es kommt immer darauf an was für Produkte sie anbieten. Sind es High Ticket oder Low Ticket Produkte? Haben sie Kunden die lange Zeit auf Sozialen Medien verbringen oder eher nicht? Alles fragen die sie sich stellen sollten, bevor sie entscheiden welche Plattform sie dazu nutzen, um zu vermarkten. Wenn sie beispielsweise ein Low Ticket Produkt anbieten ist es sinnvoll auf Facebook und Instagram Anzeigen zu schalten.

Der Grund dafür ist sehr simpel, sie geben weniger für Werbeanzeigen aus und bauen nebenbei eine Facebook Seite auf. Die Vermarktung auf Facebook und Instagram ist für Anfänger gut geeignet, da die Umsetzung von Werbeanzeigen recht simpel ist. Wenn sie vor allem wenig Kapital im besitzt haben, sind die zwei genannten Social Media Plattformen für das vermarkten Ihrer Produkte sehr empfehlenswert.

Falls sie mit High Ticket Produkte bereits handeln oder handeln wollen, sollten sie beachten, dass Facebook und Instagram, keine besonders gute Plätze für High Ticket Produkte sind. Sie sprechen auf solchen Plattformen kalten Traffic an, deshalb sollten sie sich zweimal überlegen ob sie dazu bereit sind mit dieser Art von Produkten zu handeln. Wenn sie dazu interessiert sind mit High Ticket Produkte durchzustarten, kann Google Ads gar kein falscher Ort der Werbeplattform für sie werden, da sie lediglich warmen Traffic ansprechen. Die Art von Traffic neigt dazu eine gewisse Aktion durchzuführen, sowie ein Produkt zu kaufen oder sich beispielsweise In einem Newsletter einzutragen. Wie sie sehen ist der sogenannter (Warm Traffic) äusserst effektiv, wenn es ums Vermarkten geht.

Sie können auch alle Werbeplattformen dazu nutzen, um Ihre Produkte zu vermarkten. Das einzige was dagegensprechen würde, wäre vielleicht nicht genügend Kapital oder fehlender Erfahrung im Bereich Vermarktung. Wenn Ihr Kapital nicht ausreicht, fangen sie mit Instagram oder Facebook an und steigern nach einer gewissen Zeit ins Google Ads. Falls sie aber in der Materie neu sind und noch keine Erfahrung haben, wie das Ganze funktioniert empfehle ich Ihnen sich Videos oder Anweisungen dazu anzusehen. Wenn sie verstanden haben, wie die einzelnen Werbeplattformen funktionieren, können sie schonmal anfangen Kampagnen zu erstellen. Es ist wichtig zu wissen, dass alle Plattformen in etwa gleich gut sind, wenn sie wissen was sie machen und wie sie es machen. Definieren sie dringend Ihre Zielgruppe bevor sie loslegen, denn nur mit einer ausführliche Definierung Ihrer Zielgruppe, sind sie in der Lage die richtigen Leute anzusprechen. Es gibt viele verschiedene Wege wie sie Ihre Zielgruppe definieren können, einer davon werden sie in diesem Kapitel Erfahren. Eine Definition Ihrer Zielgruppe zu haben erleichtert Ihnen die Aufgabe, Ihre Zielgruppe zu Targetieren jedes Mal, wenn sie Vermarkten wollen. Sie sollten wissen ob Ihre Zielgruppe mehr auf dem Smartphone oder auf dem PC Online unterwegs ist. Solche Informationen helfen Ihnen besonders, um das Targeting ansprechend zu optimieren. Je mehr Informationen sie über Ihre Zielgruppe besitzen, umso besser werden die Ergebnisse sein, die sie beim Vermarkten Ihrer Produkte erzielen.

## 7.3 Zielgruppen Definition

Wenn sie bereits eine Nische haben, sollten sie die entsprechende Zielgruppe definieren. Eine Definition der Zielgruppe hilft Ihnen dabei bessere Werbeanzeigen zu erstellen. Wichtig zu wissen sind Alter, Ort, Sprache, Interessen sowie welche Geräte am meisten genutzt werden. Sind die meisten mehr am Handy als auf dem Laptop Online unterwegs oder eher anders rum? Nutz ein hoher Anteil der Zielgruppe mehr IPhone als Android Geräte oder liegt die spalte gleichmässig hoch? Das sind alles wichtige Informationen, die sie dazu benötigt werden, um Ihre Zielgruppe bestmöglich zu Targetieren. Wie sie wissen gibt es recht viele Wege, um eine Zielgruppe Online zu definieren. Eine Plattform, die Ihnen dabei helfen könnte Ihre Zielgruppe zu definieren ist Facebook Insights. Das hilfreiche Facebook Tool ist besonders effektiv, wenn auf Sozialen Medien wie Facebook oder Instagram Vermarktet wird. Sie kann dennoch für die Zielgruppen Definition genutzt werden ohne auf Facebook Vermarkten zu müssen. Generell ist die Nutzung von Facebook Insights eine gute Wahl, aus vielen Gründen, die Ihnen gleich erläutert werden. **Facebook Insights** ermöglicht es Ihnen jede Art von Zielgruppe ausfindig zu machen, dank der vielen gesammelten Daten aller Facebook User. Sie sind in der Lage verschiedene Zielgruppen Daten aufzurufen in dem sie Region, Alter und Interessen der jeweilige Buyer Persona eingeben. Sie erhalten eine Menge Grafiken, die Ihnen eine klare Sicht verschaffen wie stark eine Nische momentan gefühlt ist. Sie sehen wie viele Männer und Frauen im Alter von 18 bis 65+ sich für eine bestimmte Nische interessieren und bekommen zusätzliche Informationen, die für alle Ihre geplanten Kampagnen sehr hilfreich wären. Mit den vorliegenden Daten sind sie gut in der Lage Ihre gewünschte Zielgruppe zu definieren.

Sie können das folgende Tool auch dazu nutzen um die Kunden Ihrer Konkurrenten zu Analysieren. Es steht Ihnen auch die Möglichkeit frei Beziehungsstatus, sowie der Bildungs Niveau Ihrer Zielgruppe zu analysieren. Weitere Informationen wie gelikete Seiten, genauen Standort und Aktivitäten sind selbstverständlich. Facebook Insights ist sehr leicht zu bedienen und verschafft Ihnen einen riesen Vorteil, vor allem als Anfänger. Wenn sie sich dafür interessieren auf Facebook zu vermarkten ist diese hervorragende Angelegenheit die richtige für sie. Das Tool wird von Facebook kostenlos bereitgestellt und ist sehr zu empfehlen. Facebook Insights ist nicht nur gut, um Kunden von verschiedenen Konkurrenten ausfindig zu machen, sondern verhilft Ihnen auch noch dabei profitable Nischen zu finden. Falls sie noch keine Nische gefunden haben die profitabel genug ist, kann Ihnen Facebook Insights gut dabei helfen eine zu finden. Die perfekte Kombination für Ihr Dropshipping Business und einer der Gründe warum so viele auf Facebook heutzutage Vermarkten. Es ist recht schwer alles alleine herausfinden zu müssen, eine Nische sowie die Zielgruppe zu kennen ist kompliziert genug, um keine Tools wie die von Facebook zu nutzen. Ich kann Ihnen empfehlen sich erst eine gute Nische auszusuchen und anschiessend die entsprechende Zielgruppe angesprochen zu definieren, somit sind sie bestens vorbereitet, um Werbeanzeigen zu schalten.

# Kapitel 7
## Produkt Vermarktung
## (Zusammenfassung)

➢ **Gute Werbeplätze:** Die profitabelsten Werbeplattformen sind die meist genutzten, somit auch die bekanntesten von allen. Unter den besten Werbeplätzen finden Plattformen wie Facebook, Instagram und Google Ads einen Platzt. Im Dropshipping Bereich ist Facebook die meist verbreiteste Plattform fürs Vermarkten. Als nächstes kommt Instagram und Google Ads, die auch eine wichtige Rolle einnehmen. Es ist nicht ausgeschlossen das alle Varianten auch mal gerne kombiniert werden, um die Effektivität zu steigern.

➢ **Geeignete Werbeplattformen:** Wenn sie noch keine Erfahrung im Bereich Marketing haben ist Instagram sowie Facebook die richtige Werbeplattform. Sie haben die Möglichkeit gut strukturierte Werbeanzeigen zu erstellen, zusammen mit dem Insights Tool von Facebook sind sie in der Lage Ihre Zielgruppe klar zu definieren. Anderseits, falls sie schon mehrere Jahre Erfahrung daran haben Produkte zu vermarkten kann Google Ads die richtige Wahl für sie werden, egal in welcher Preiskategorie sich Ihre Produkte befinden.

> **Definition der Zielgruppe:** Bevor man Anfängt zu vermarkten ist es äusserst wichtig die Zielgruppe zu definieren, um eine klare Sicht zu bekommen wie die Zielgruppe aufgebaut ist. Besonders wenn sie auf Facebook Anzeigen platzieren, hilft Ihnen Facebook Insights dazu Ihre Zielgruppe zu finden. Je mehr sie über Ihre Zielgruppe wissen, umso besser für all Ihre Werbekampagnen. Beachten sie alle Informationen wie Alter, Ort, Sprache und Interessen. Die Zielgruppen Definierung verhilft Ihnen dabei vielversprechende Anzeigen zu erstellen, ohne eine Definition der Zielgruppe sind sie nicht in der Lage die richtigen Leute anzusprechen.

## Plattform unterschiede

Es gibt einige Unterschiede zwischen Google Ads und Facebook, die sie als Anfänger oder Vorgeschrittener unbedingt wissen sollten. Das meiste Traffic aus Facebook besteht lediglich aus Cool Traffic, was bedeutet, dass sie noch keine Absicht dazu haben Ihr Produkt im Augenblick zu erwerben. Das Ganze ändert sich auf Google Ads, da das Traffic der bei Ihnen landet daraus besteht, aus den Keywords, die eingegeben wurden. Somit besteht das Traffic von Google Ads Kampagnen aus Warmen Traffic, welches man besser ansprechen kann.

Der meiste Unterschied zwischen Google Ads und Facebook sind die Preise, durchschnittlich zahlen sie mehr für Google Werbekampagnen, es kommt immer darauf an welche Keywords sie nutzen und wie viel sie bereit sind auszugeben. Facebook und Instagram sind in etwa gleich, die viel billigere Variante bleibt nach verschiedenen Angaben Instagram.

# Abschluss

Als erstes möchte ich mich bei Ihnen bedanken, dass sie diese harterarbeitete Einleitung zum Thema Dropshipping zu Ende gelesen haben. Ich hoffe sie haben etwas davon mitgenommen um es im Nachhinein erfolgreich umzusetzen. Jetzt sind sie in der Lage ein Online Shop für Ihre Dropshipping Produkte zu errichten. Sie haben einen Überblick, wie man eine hoch profitable Nische findet und sie von schlechten unterscheidet.

Sie haben eine Vorstellung wie viel Kapital sie in etwa fürs Dropshipping Business benötigen. Sie wissen auch noch welche Wege sie einnehmen müssen, falls sie wenig Kapital zur Verfügung haben sollten, sowie welche Dropshipping Methode sich für Ihre Bedürfnissen am besten eignen. An dieser Stelle haben sie bereits eine Vorstellung wie sie am einfachsten loslegen können. Die folgende Einleitung zum Handeln mit Dropshipping Produkte wurde mit dem Gedanken erstellt, unerfahrene in dem Gebiet weiter zu helfen.

Dropshipping ist womöglich eins der profitabelsten Businessmodelle der gerade im Trend ist. Viele versuchen einzusteigen doch geben nach ein paar Wochen wieder auf, so etwas passiert oft und ist meistens die folge von Unwissenheit. Wenn sie die Basic schritte kennen, um mit Dropshipping Geld verdienen zu können sind sie auf dem richtigen Weg, eine äusserst profitable Geldquelle zu schaffen. Ich kann Ihnen empfehlen sich weiter darüber zu informieren, um sich mehr wissen ein zueignen als die Konkurrenz. Behalten sie alle in diesem Buch vorgegebenen Informationen im Hinterkopf und vergessen sie nicht das theoretische in die Praxis umzusetzen.

Falls sie fragen haben oder etwas unklar geworden ist, gehen sie durch die Seiten wieder durch, somit vertiefen sie das wissen mehr ein und erhalten einen guten Überblick vom Thema. Wenn sie Anfänger sind sollten Ihnen die angesprochenen Themen gut dabei helfen Ihr ersten E-Commerce Shop zu erstellen. Die Techniken und Strategien die gezeigt wurden, werden Ihnen eine grosse Hilfe leisten wenn's ums vermarkten kommt. Anderseits, falls sie ein vorgeschrittener im Bereich Dropshipping sind, werden sie ein paar Begriffe schon gekannt haben und vielleicht die ein oder andere Strategie selber umgesetzt.

Ich wünsche Ihnen alles Gute, auf Ihrem Weg in eins der wohl spannendsten Businessmodelle die es überhaupt gibt. Ich hoffe sie setzen Ihr wissen ein und lernen durch die Praxis weitere Möglichkeiten um Ihr Business weiter zu skalieren. Da sie am Ende dieses Buches angelangt sind, biete ich Ihnen die Theorie in die Praxis umzusetzen. Bleiben sie geduldig und fokussiert, denn nur somit werden sie in der Lage sein mit Dropshipping ein stabiles einkommen aufzubauen. Informieren sie sich weiter über das Thema und versuchen Ihre eigenen Erfahrungen zu analysieren, denn Übung macht der Meister.

## Haftungsausschluss

Die Inhalte dieses Buchs wurde durch viel Recherche und Erfahrung im Bereich erstellt. Die ausgesprochenen Themen und Hinweise versprechen Ihnen keine Garantie für positive Resultate. Der Autor dieses Buchs übernimmt somit keine Gewähr für die Aktualität, Richtigkeit sowie Vollständigkeit der übermittelten Inhalte.

Die Verwertung der auf diesem Buch enthaltenen Inhalte sind ohne Zustimmung des Buch Autors unzulässig. Gilt ausgesprochen für Elektronische sowie sonstige Vervielfältigung und öffentlich Zugänglichmachung der enthaltenen Inhalte.

## Impressum

«Dropshipping Mastery

Die komplette Einleitung zum Aufbau eines erfolgreichen Dropshipping E-Commerce mit Extra Tipps und Tricks»

J Emanuel Vera

Schulstrasse 36

Zürich, Regensdorf

Email: digitalekurse24@gmail.com

2019 Alle Rechte vorbehalten.

www.ingramcontent.com/pod-product-compliance
Lightning Source LLC
Chambersburg PA
CBHW030017190526
45157CB00016B/3107